venez toutes bloguer sur
www.lesparesseuses.com

Les Recettes érotiques des paresseuses

Marie Belouze-Storm

Les Recettes érotiques des paresseuses

•MARABOUT•

À mes fils, Arpad et István

Sommaire

Avant-propos

Pourquoi ce guide va vous aider

Vous êtes une paresseuse coquine, mais vos ébats sont un peu expéditifs ? Sans surprise ? Vous avez envie d'assaisonner votre libido, de pimenter votre vie amoureuse ? Vous voulez incendier la couette ? Il est grand temps de vous aventurer sur les chemins d'un érotisme imaginatif ! De plus, vous n'êtes pas sans savoir que l'on n'attrape pas les mouches avec du vinaigre… Vous n'êtes pas experte en art culinaire, mais votre instinct et votre Môman vous disent depuis fort longtemps que « cuisine » et « amour » font bon ménage et riment avec « toujours ». Après tout, le parfait amour ne se file pas le ventre vide ! En bonne fille d'Ève, vous êtes donc prête à faire croquer la pomme à Jules et à lui émoustiller sans vergogne les bourgeons sensoriels, tout en sachant que le moins protocolaire des dîners en tête-à-tête tournera forcément à votre avantage. Dans ces pages, personne ne vous demandera de faire comme Cléopâtre, qui se roulait des truffes sous les aisselles pour enivrer ses conquêtes, ou bien d'être l'une de ces courtisanes dont la poitrine était recouverte de grains de caviar au temps des grands princes de Russie, ou encore de faire comme ces libertines asiatiques, qui recouvrent leur corps nu de sushis et de makis variés (sans la soupe miso, bien entendu !).

C'est un fait : depuis fort longtemps, l'amour et la cuisine entretiennent une liaison dangereuse que l'on retrouve dans bon nombre d'expressions telles que « en faire tout un plat », « passer à la casserole », « être roulé dans la farine »… D'ailleurs, ne dit-on pas d'une femme qu'elle est appétissante (pour ne pas dire « bonne », dans un langage plus courant) ? Ou bien d'un amoureux qu'il dévore de baisers sa bien-aimée après l'avoir mangée des yeux ? Certains mots, très évocateurs, en disent long. L'asperge, par exemple, désigne le sexe masculin et, de ce fait, « aller aux asperges » a une connotation sexuelle des plus évidentes (on vous fait un dessin ?). Aussi n'était-il pas convenable, autrefois, que les jeunes filles en mangeassent !

Grâce aux *Recettes érotiques des paresseuses*, vous allez enfin savoir à quelle sauce agrémenter vos ébats amoureux, mais aussi comment explorer le plaisir par le menu. Et si, par le plus grand des hasards, vous êtes de celles qui préfèrent une orgie de chocolat à une bonne partie de jambes en l'air, soyez sûre que vous serez agréablement surprise de constater que la cuisine c'est de l'amour. Et, de l'amour à la sensualité il n'y a qu'un pas. Que vous franchirez sans trop de complexe, ni d'effort (on est paresseuse ou on ne l'est pas !), puisque vous trouverez dans ce guide toutes les ruses pour lui donner des frissons et plein de recettes coquines voire très *hot* à déguster à deux, naturellement... Alors, lancez-vous !
Bonne luxure... Oh ! pardon, bonne lecture, et surtout, bon appétit !

chapitre 1

Comment mettre le feu aux poudres

Vous reprendrez bien une tranche de phéromones ?

On est toutes d'accord pour dire qu'avec Jules, c'était torride… au tout début. *Mais quand déjà ?* Puis quelques mois ou quelques années ont passé et une certaine routine s'est comme qui dirait installée… *Mais pourquoi donc ?* Voyez comment les hormones vous mènent par le bout du nez, découvrez comment la routine sème le doute et plongez vos cuillères en bois dans les marmites d'Aphrodite pour remettre un peu de peps dans votre libido.

La routine ? Mais qu'est-ce donc ?

Il est temps de le dire : toutes les routines ne sont pas à jeter aux orties. Il en existe même des sympas : se préparer le petit café du matin, se faire un bisou avant de partir au boulot, s'appeler pendant la pause déjeuner pour dire tout et surtout n'importe quoi… Cependant, quand votre moitié ne voit même plus que vous avez changé de coiffure ou quand vous ne levez même plus la tête pour lui sourire avant qu'il n'ait claqué la porte, c'est peut-être que votre couple bat de l'aile ! Pis, si vous n'échangez plus que des « Passe-moi le sel ! » ou « T'as acheté le pain aujourd'hui ? », c'est sûrement déjà la bérézina ! La routine est un phénomène naturel qui s'installe avec le temps si l'on n'y prend pas garde. Le quotidien, les petits soucis, les habitudes peuvent prendre le dessus et rendre une relation moins excitante à la longue. Mais ne vous inquiétez pas, il n'y a là rien d'inéluctable.

Les solutions de la paresseuse

Prenez les choses en main (sans allusion aucune). Cessez de rejouer les mêmes scénarios et faites preuve d'imagination. En deux mots, érotisez d'urgence votre vie ! Pour cela, surprenez-le : inversez les rôles en prenant des initiatives au lit ou en jouant les dominatrices, offrez-lui des fleurs, jouez à inventer des personnages ou une histoire pour réveiller sa libido et la vôtre par la même occasion. Les possibilités sont infinies quand on y réfléchit deux petites secondes.

Nous sommes des bêtes… de sexe !

Même si la relation amoureuse ne se résume pas à une simple formule chimique, il est rassurant de savoir que le cerveau possède des ressources insoupçonnées permettant de s'adapter aux différentes étapes de la vie amoureuse. Car, c'est un fait, qu'on le veuille ou non, les hormones mènent nos amours par le bout du nez. La preuve…

Les phéromones expliquées aux paresseuses

Les phéromones sont des molécules invisibles et volatiles produites par des glandes situées sous les aisselles (!), autour des mamelons (!) et dans les aines (!). Inodores, elles ne sont pas captées par la muqueuse olfactive mais par un second système de l'odorat appelé « l'organe voméronasal », situé sous la surface interne du nez. Un reliquat de l'évolution humaine dont vous allez vous servir… pour la bonne cause. Sans entrer dans trop de détails scientifiques, sachez que l'androstérol, un des composés de la sueur masculine, et la copuline, que l'on retrouve dans les sécrétions vaginales, sont les principales phéromones sexuelles. Elles auraient de réels effets attractifs ou répulsifs entre deux individus selon qu'elles sont compatibles ou non. En gros, ces hormones permettent de savoir si l'odeur d'une personne vous est agréable. Un bon début, non ? De toute façon, vous ne tomberiez pas amoureuse d'une personne que vous ne pouvez pas « sentir », n'est-ce pas ?

BON À SAVOIR

Aujourd'hui, on trouve dans le commerce des parfums aux phéromones censés augmenter le pouvoir de séduction. Gardez précieusement vos sous ! L'efficacité de ce genre de parfum n'a encore jamais été démontrée.

La phényléthylamine expliquée aux paresseuses

Cette hormone est appelée parfois « peptide de l'amour », car elle est produite en grande quantité, précisément lorsqu'on est amoureuse. Elle peut rendre sacrément euphorique. On en trouverait dans le chocolat, le fromage et le vin rouge.

BON À SAVOIR

Une grande quantité de cette hormone entraîne des effets semblables à ceux qui sont causés par certaines drogues (*le chocolat ?*) ou par des sports extrêmes (*comme lever le petit doigt ? faire la vaisselle ? repasser ?* Mais non, enfin !) De plus, elle réduit l'appétit (trrrrès bon plan !) et provoque une certaine hyperactivité. Selon les études, lorsque deux personnes sont amoureuses, la phényléthylamine atteint, pour les deux tourtereaux, le même niveau. C'est la raison pour laquelle vous pouvez passer des nuits à parler et à faire l'amour. Du calme ! Pas d'abus ! En trop forte concentration, elle provoque nervosité et paranoïa.

La dopamine expliquée aux paresseuses

La phényléthylamine stimule la production de la dopamine. Or, la dopamine permet de renforcer certains comportements qui nous apportent du plaisir et de la satisfaction. Lors d'un événement heureux, la dopamine émet un signal de bonheur dont les effets euphorisants nous poussent à répéter l'expérience. On voudrait être toujours ensemble, on se téléphone 10 fois par jour, on voudrait que ça dure toujours… Envoyer sa mère sur Mars… ? Non, ce n'est pas une « toutes options » !

BON À SAVOIR

Selon les experts, cette période d'allégresse peut durer jusqu'à 6 ans (de quoi se plaint le peuple ?). Pas de quoi devenir nymphomane pour autant ! Si vous avez la nostalgie des effets euphorisants de la phényléthylamine, vous pouvez heureusement compter sur d'autres hormones, l'ocytocine et les endorphines, pour prolonger ce nirvana.

L'ocytocine expliquée aux paresseuses

L'ocytocine est libérée dans le cerveau et dans le système reproductif chaque fois que vous touchez quelqu'un que vous aimez (et particulièrement pendant l'accouchement et l'allaitement). Vive les câlins !

BON À SAVOIR

L'ocytocine agit comme une sorte de « colle hormonale » qui vous garde ensemble longtemps après l'épuisement de la phényléthylamine. Bonus, l'ocytocine pourrait avoir un effet sur le vieillissement. Une étude a démontré que les personnes qui faisaient l'amour 3 fois par semaine dans le cadre d'une relation stable paraissaient 10 ans de moins. Vous savez ce qu'il vous reste à faire !

Les endorphines expliquées aux paresseuses

Lorsque l'organisme développe une tolérance à la phényléthylamine et ne procure plus les effets que l'on connaissait au début de la relation, le cerveau, plein de ressources, commence à produire d'autres hormones : les endorphines. Ce sont des substances qui possèdent les mêmes propriétés que la morphine. Les endorphines calment, soulagent la douleur et réduisent l'anxiété. Le sentiment de bien-être qu'elles procurent se traduit par une relation affective très forte que l'on n'a pas envie d'interrompre.

BON À SAVOIR

Vous pouvez maintenant être rassurée. L'harmonie, le bonheur tranquille peuvent durer des années. Lorsque les effets de la phényléthylamine s'estompent, il est encore possible d'atteindre le septième ciel !

LE PLEIN DE TESTOSTÉRONE

Un corps musclé ? Des traits réguliers ? Un compte en banque bien garni ? Vous n'y êtes pas du tout. Le plus important est, pour une femme, une belle voix grave. Si, si ! c'est scientifiquement prouvé. Pour parvenir à cette conclusion, des chercheurs se sont rendus au fin fond de la Tanzanie pour répondre à la question existentielle « Qu'est-ce qui attire les femmes ? ». Résultat : les hommes qui ont la voix la plus grave sont ceux qui ont le plus d'enfants ! Par extrapolation scientifique : ceux qui plaisent le plus à ces dames. Probablement parce que les hommes à la voix grave sont ceux qui ont le plus de testostérone, suggèrent les auteurs. Conclusion de paresseuse : rien ne remplace une grosse voix grave et virile...

7 péchés mignons de paresseuses pour le rendre fou

Vous trouverez là quelques recommandations « diaboliques » destinées à ceux qui s'aiment et qui veulent nourrir la passion.

1. Dites la vérité, mais pas que...

Tout se dire ? Dans un couple ? ! Mieux vaut éviter. En effet, tout n'est pas bon à dire, en particulier si cela concerne des défauts physiques impossibles à changer, la belle-mère ou certains fantasmes pas vraiment avouables.

2. Éloignez-vous : ça rapproche !

Ah, les bons moments passés ensemble à regarder dans la même direction... Qui aurait dit que vous pesteriez un jour à l'idée de marcher, tous les matins, sur des tonnes de poils amoncelés dans la baignoire ? Avant de prendre Jules pour un singe coquet, prenez de la distance et cessez de vivre l'un sur l'autre jusqu'à l'étouffement ! Pour aiguiser le désir, il est indispensable d'entretenir une part de mystère.

3. Flirtez... juste pour le fun !

Laissez-vous séduire par d'autres (sans aller plus loin, sinon vous risqueriez de tomber amoureuse !) et, surtout, faites en sorte qu'il le remarque. Un bon truc pour raviver son intérêt à votre égard est de le rendre un peu jaloux. Qu'il vous refasse la cour vous fera le plus grand bien.

4. Disputez-vous... pour la bonne cause !

Les petites disputes peuvent mettre du piquant dans un couple, si et seulement si elles ne durent pas trop longtemps. Elles sont normales et même nécessaires, à condition qu'elles aboutissent sur une discussion constructive à l'issue de laquelle vous ressortirez avec l'impression d'avoir tous deux avancé.

5. Devenez une libertine accomplie !

Faites preuve d'imagination à l'égard de votre corps, de vos sensations, de vos fantasmes. Osez partir à la recherche du plaisir et laissez monter le désir en vous. Dans tous les cas, n'oubliez jamais votre partenaire ; un plaisir accompli est un plaisir partagé.

6. Soyez jalouse... juste un poil !

La jalousie peut être une marque d'attachement. La peur de perdre son partenaire peut être bénéfique pour le couple, mais, attention, à condition que cela n'entrave pas la liberté de l'autre.

7. Privez-le de câlins... provisoirement !

Le but : qu'il soit en manque (on vous laisse seul juge pour le temps nécessaire). Espacez les câlins sous la couette jusqu'à ce qu'il vous fasse les yeux du loup de Tex Avery dès que vous lui montrerez un mollet dénudé !

POUR MIEUX TE MANGER, MON ENFANT

Si l'usage moderne veut que l'on réserve le mot « appétit » à la sphère alimentaire, dans la grammaire classique, les appétits sont multiples. Manger n'est qu'une des modalités du désir parmi bien d'autres.

7 ruses de paresseuse pour attiser l'amour gourmand

1. Sortez des sentiers battus

Plutôt que de passer des heures à vous torturer au-dessus de vos robots ménagers et autres plaques à induction, optez pour un pique-nique moquette avec toutes sortes de petites choses à grignoter : biscuits apéro, charcuterie, fromages, fruits, sucreries... sans oublier d'imaginer les mille et une façons de les manger à deux.

2. Faites d'une pierre deux coups

Avant la soirée fatale, faites les magasins et offrez-vous un ensemble de lingerie que votre chéri découvrira au fur et à mesure de l'effeuillage. En tout état de cause, ne lui proposez pas de faire les magasins avec vous : l'homme ne comprend pas le shopping, l'homme n'aime pas le shopping, l'homme ne sait pas faire du shopping et l'homme n'éprouve aucun besoin de faire du shopping !

3. Offrez-vous une soirée sous-marin

On coupe les portables, on tire les rideaux, on monte le chauffage... Une jolie musique de fond, une lumière tamisée ou une multitude de bougies : le décor est planté pour une soirée torride.

4. Surprenez-le

Organisez un dîner-surprise. Choisissez plutôt un vendredi soir ou un jour où il est d'humeur à folâtrer. Et laissez-lui un sas de décompression quand il rentre du boulot : 30 minutes à l'issue desquelles vous pourrez profiter de lui pleinement.

5. *Let it go !*

Lundi soir, 20 h 10. Vous vous doutez que ce n'est pas le bon moment pour lui asséner des trucs du genre « il faut qu'on parle » et encore moins de lui demander de sortir la poubelle ou le chien ! Après avoir épuisé son quota de 7 000 mots au bureau, l'homme rechigne à communiquer. Lorsque vous avez besoin de parler, lui a envie de débrancher.

6. Envoûtez-le

La séduction chez les hommes passe beaucoup par le regard, ainsi que par le langage corporel non verbal. Donc, n'hésitez pas à lui faire des petits yeux coquins.

7. Et, bien sûr, à vos casseroles !

Sortez-lui le grand jeu. C'est précisément le propos de ce livre : l'attirer dans vos filets sans trimer aux fourneaux. « Mais pourquoi serait-ce à moi de faire le boulot ? » vous dites-vous. Eh bien, parce que vous avez un certain talent pour vous casser la tête et être manipulatrice avec subtilité, mais aussi parce que l'homme est notre défi à toutes ! Alors, pour une fois, oubliez votre paresse et concoctez-lui dare-dare des recettes « éroticoquines ».

15 « mises en bouche » pour le faire saliver

À préparer à l'avance – quand c'est possible – pour avoir les mains libres...

1. Verrines coquines de saumon et d'avocat

Pour 2 personnes

- 1/2 avocat bien mûr
- 1 gousse d'ail
- 1 c. à café d'aneth frais
- 1 citron vert
- 1 belle tranche de saumon fumé
- Sel, poivre du moulin

1. Réalisez un guacamole en mélangeant la pulpe d'avocat réduite en purée avec l'ail pelé et pilé, l'aneth émincé fin, le sel, le poivre et 1 c. à soupe de jus de citron vert.

2. Disposez la préparation dans des verrines. Ajoutez le saumon coupé en fines lamelles et 1/2 rondelle de citron par verrine.

Le petit plus érotique de la paresseuse

Les Aztèques appelaient l'avocatier « arbre à testicules » et faisaient de ses fruits un élixir de longue vie aux pouvoirs revigorants. Et en Amérique, les avocats sont aussi appelés *love fruit*.

2. Verrines craquantes de crevettes au tarama et tzatziki

Pour 2 personnes

- 1 pot de tarama
- 4 grosses crevettes cuites décortiquées
- Quelques baies rouges pour le décor

Pour le tzatziki :

- 1/3 de concombre
- 1 gousse d'ail
- 1 petit pot de fromage blanc
- 1 c. à soupe d'huile végétale
- 1 c. à café de vinaigre
- Quelques brins de ciboulette
- Fleur de sel, poivre

1. Coupez le concombre en très petits dés. Mettez ceux-ci dans une passoire à dégorger pendant environ 20 min.
2. Émincez l'ail finement.

3. Mélangez le fromage blanc, l'ail et les dés de concombre. Ajoutez l'huile, le vinaigre, la fleur de sel et le poivre. Saupoudrez de ciboulette hachée. Conservez le tzatziki au frais.
4. Disposez dans des verrines une couche de tzaziki puis une couche de tarama. Disposez les crevettes par-dessus. Réservez au frais 30 min au moins avant de servir.

Le petit plus érotique de la paresseuse

Décorez vos verrines de baies rouges pour une touche de couleur enflammée qui augmentera l'intensité érotique de votre repas.

QUELLE JOLIE BÊTE !

Ses nombreux pépins et sa forme phallique ont depuis toujours fait du concombre un symbole de fertilité et d'abondance. Dans le sud de la France, il fut un temps où les femmes consommaient des concombres pour concevoir. Il existait aussi des pommades, destinées à faciliter la conception, composée de chair de concombre et de spermaceti (blanc de baleine) ; les femmes s'en enduisaient les cuisses, le ventre et leur gentil minou.

3. Petits canapés fringants au curry

Pour 2 personnes

- 1 échalote
- 1 petit bouquet de ciboulette et de persil plat
- 1 cm de gingembre frais
- 1 c. à soupe d'huile d'olive
- 1/2 aubergine
- 4 c. à soupe de lentilles (en boîte)
- 100 g de chèvre frais

- 1/2 jus de citron
- 4 tranches de pain de mie

1. Hachez l'échalote et les herbes. Râpez le gingembre. Faites revenir le tout dans l'huile d'olive.
2. Retirez la peau de l'aubergine, coupez-la en très petits dés et laissez cuire ceux-ci doucement dans la poêle.
3. Lorsque l'aubergine est cuite, ajoutez les lentilles. Mélangez soigneusement et laissez mijoter pendant 10 min à feu doux. Ajoutez ensuite le chèvre frais et arrosez du jus de citron.
4. Faites griller le pain de mie, coupez-le en petits carrés et répartissez la préparation dessus. Décorez avec des brins de ciboulette.

Le petit plus érotique de la paresseuse

Vous pouvez déguster ces canapés tièdes ou froids. Si vous aimez le craquant du pain grillé, préparez les canapés au dernier moment.

4. Tendres canapés aux truffes

Pour 2 personnes

- 3 tranches de pain de mie
- 2 œufs
- 2 c. à soupe de crème fraîche liquide
- 1 truffe noire
- 20 g de beurre doux
- Fleur de sel, poivre

1. Munissez-vous d'un emporte-pièce en forme de cœur (c'est juste une suggestion !) et formez des canapés de mie dans les tranches de pain.

2. Dans une jatte, mélangez les œufs avec la crème liquide. Salez et poivrez.
3. Coupez la truffe en 2 et découpez en son cœur quelques fines lamelles. Réservez le reste.
4. Dans une poêle, faites fondre le beurre et versez les œufs brouillés. Laissez cuire à feu très doux. Avant que la cuisson ne soit terminée, râpez sur les œufs le reste de la truffe.
5. Déposez 1 cuillerée d'œufs brouillés sur chaque toast et décorez avec des lamelles de truffe.

Le petit plus érotique de la paresseuse

« La truffe rend les femmes plus tendres et les hommes plus entreprenants », affirmait Brillat-Savarin en 1825. Il faut croire qu'elle doit les vertus dont on la pare aux substances qu'elle contient, dont d'ailleurs certaines sont très proches de la testostérone (hormone du désir sexuel chez l'homme comme chez la femme). Toujours est-il que ces vertus ne sont toujours pas scientifiquement démontrées, mais pour ne pas avoir de regrets, vérifiez par vous-même… on ne sait jamais.

5. Fleurs de la passion au jambon de Parme

Pour 2 personnes

- 4 tranches de jambon de Parme très fines et découennées
- 4 olives noires coupées en 2
- Un peu de paprika (pour la décoration)
- Quelques tiges de ciboulette (pour la décoration)

1. Coupez les tranches de jambon en 2 lanières de 4 cm de large environ. Roulez chaque lanière de manière à former une fleur et posez-les sur une assiette.
2. Déposez 1/2 olive noire au cœur de chaque fleur de jambon.

3. Décorez les bords de l'assiette avec quelques pincées de paprika et déposez des tiges de ciboulette sur les fleurs.

Le petit plus érotique de la paresseuse

La « vraie » fleur de la Passion est une plante originaire du Brésil à fruits comestibles de la famille des passiflores. Ne vous emballez pas, son nom est en rapport avec la structure de sa fleur qui rappelle la Passion du Christ !

6. Rillettes aimantes de truite fumée

Pour 2 personnes

- 200 g de truite fumée
- 100 g de fromage frais (type Saint-Môret)
- 10 g de beurre mou
- Le zeste et le jus de 1 citron
- 2 c. à soupe de ciboulette ciselée
- Poivre du moulin

1. Placez le filet de truite dans un mixeur. Ajoutez le fromage frais, le beurre, le zeste et le jus de citron, ainsi que la ciboulette. Poivrez. Mixez jusqu'à l'obtention d'une purée. Rectifiez l'assaisonnement en rajoutant éventuellement plus de citron et/ou plus de poivre.
2. Répartissez les rillettes dans 2 verrines et décorez avec des rondelles de citron coupées très finement, fendues en 2 et torsadées.

Le petit plus érotique de la paresseuse

La truite est un poisson d'eau douce, parent du saumon. Il y a mille et une manières de cuisiner sa chair maigre et très fine, du pavé croustillant au filet de truite fondant en passant par de fines tranches moelleuses. Une suggestion érotique pour lui faire déguster vos rillettes de truite ? Demandez à votre chéri de fermer les yeux et donnez-lui délicatement la béquée !

7. Cœurs d'artichauts amoureux

Pour 2 personnes

- 4 fonds d'artichauts (surgelés)
- 2 c. à soupe de jus de citron
- 75 g de gorgonzola
- 50 g de fromage blanc
- Quelques brins de ciboulette finement hachés
- 200 g de mâche
- 2 c. à soupe de vinaigre balsamique
- 3 c. à soupe d'huile d'olive
- Poivre du moulin

1. Laissez décongeler les fonds d'artichauts, puis égouttez-les et citronnez-les pour qu'ils ne noircissent pas.
2. Écrasez le gorgonzola et mélangez-le avec le fromage blanc et la ciboulette. Poivrez.
3. Dressez la mâche dans les assiettes. Assaisonnez de vinaigre et d'huile d'olive.
4. Garnissez chaque fond d'artichaut avec le mélange au fromage. Déposez-les sur les lits de mâche.

Le petit plus érotique de la paresseuse

L'expression « cœur d'artichaut » date de la fin du XIXe siècle. Elle vient de la forme proverbiale « cœur d'artichaut, une feuille pour tout le monde ». Vous n'oublierez donc pas de lui préciser que vous n'en êtes pas un !

8. Sucettes évocatrices de foie gras en croûte de noix et noisettes

Pour 2 personnes

- Quelques cerneaux de noix
- Quelques noisettes
- 100 g de foie gras mi-cuit
- Des piques en bois

1. Concassez grossièrement les noix et les noisettes en les écrasant dans un sac en plastique et répartissez-les dans une assiette.
2. Taillez dans le foie gras des cubes de 2 cm de côtés environ. Remettez-les au frigo durant 30 min pour qu'ils soient bien durs.
3. Enfilez les cubes de foie gras sur les piques en bois et roulez-les dans les brisures de noix et de noisettes.
4. Disposez les brochettes dans un verre assez haut du type tumbler, en les calant avec des billes de verre ou des noisettes entières.

Le petit plus érotique de la paresseuse

Devinette douteuse : les sucettes sont-elles toutes à l'anis ?
Réponse douteuse : à vous de voir !

9. Crevettes bougresses au curcuma

Pour 2 personnes

- 1 c. à soupe d'huile d'olive
- 1 gousse d'ail
- 8 grosses crevettes décortiquées
- Quelques feuilles de coriandre émincées

- 1 pincée de curcuma
- Fleur de sel

1. Faites chauffer l'huile d'olive à feu moyen. Ajoutez l'ail pilé et le curcuma.
2. Faites revenir les crevettes pendant 4 à 5 min environ. Salez et incorporez la coriandre.
3. Disposez le tout dans une jolie assiette à dessert et piquez les crevettes à l'aide de cure-dents.

Le petit plus érotique de la paresseuse

Vous pouvez servir ces crevettes chaudes ou froides. De même, vous pouvez remplacer le curcuma par une autre épice comme du paprika ou du curry. Toutes les épices et mélanges d'épices se marient formidablement bien avec les crevettes. Si le cœur vous en dit, vous pouvez aussi brûler du curcuma pour purifier l'atmosphère et créer une ambiance *hot* !

10. Gelée sensuelle de champagne aux huîtres

Pour 2 personnes

- 4 huîtres
- 1/4 de sachet de gelée
- 1 verre de champagne
- Quelques baies roses
- 1 petit pot d'œufs de saumon
- 1 brin de cerfeuil
- Poivre

1. Ouvrez les huîtres et retirez-les de leur coquille (travaillez au-dessus d'un saladier afin de récupérer toute leur eau). Réservez-les au frais sous film alimentaire.

2. Filtrez l'eau des huîtres et versez-la dans une casserole. Délayez la gélatine dans l'eau ainsi récupérée et portez à ébullition. Aux premiers frémissements, retirez du feu.
3. Ajoutez le champagne et poivrez.
4. Répartissez les huîtres dans des coupes à champagne. Ajoutez les baies roses, les œufs de saumon et le cerfeuil émincé.
5. Versez la gelée au champagne par-dessus et placez au frais pendant au moins 1 h. Si vous êtes Crésus, décorez avec un soupçon de caviar au moment de servir.

Le petit plus érotique de la paresseuse

L'huître est mâle et femelle... mais pas en même temps ! Elle est d'abord mâle, puis devient femelle après la reproduction et redevient mâle ensuite... À y perdre son latin... de cuisine !

11. Bouchées veloutées de saumon cru mariné au gingembre

Pour 2 personnes

- 2 filets de saumon (100 g chacun)
- 1 concombre lavé, non pelé et découpé en lanières
- Quelques brins d'aneth hachés

Pour la marinade :

- 1 cm de racine de gingembre frais râpé
- Le jus de 1/2 citron vert
- 1 c. à café d'huile d'olive
- Fleur de sel, poivre du moulin

1. Coupez les filets de saumon en cubes de 2 cm de côtés et entourez-les de lanières de concombre cru que vous aurez découpées à l'aide d'un Couteau Économe.
2. Fermez les bouchées avec une pique. Servez avec la marinade après avoir parsemé artistiquement de l'aneth haché ou d'autres herbes de votre goût.

Le petit plus érotique de la paresseuse

Avec sa forme de « petit homme », la racine de gingembre est utilisée depuis des millénaires. Elle boosterait les prouesses sexuelles masculines et ce n'est déjà pas si mal !

12. Rouleaux de printemps ardents aux œufs de saumon

Pour 2 personnes

- Quelques feuilles de laitue
- 1 c. à soupe de mascarpone
- Le jus de 1/2 citron
- Un peu de raifort râpé
- 2 galettes de riz
- 2 tranches de saumon fumé
- 1 petit pot d'œufs de saumon (gros calibre)
- Sel, poivre du moulin

1. Rincez les feuilles de laitue, coupez-les en lanières, puis disposez-les sur un plat de service.
2. Fouettez délicatement le mascarpone avec le jus de citron. Ajoutez un peu de raifort râpé et assaisonnez le tout. Humidifiez les feuilles de riz.

3. Sur un plan de travail, disposez 2 feuilles de film alimentaire. Mettez sur chacune 1 galette de riz recouverte de 1 tranche de saumon fumé et de mascarpone. Parsemez d'œufs de saumon, puis roulez la galette de riz pour former un rouleau de printemps. Conservez dans le film alimentaire jusqu'à la dégustation.

Le petit plus érotique de la paresseuse

À déguster sensuellement, pas sur le corps d'une geisha, mais néanmoins du bout des doigts. Prévoyez d'ailleurs un rince-doigts : 2 coupelles d'eau citronnée et éventuellement 2 petites serviettes éponge que vous aurez fait chauffer au micro-ondes.

13. Petits toasts badins aux échalotes confites

Pour 2 personnes

- 4 échalotes épluchées et émincées
- 50 g de haricots verts fins en boîte ou surgelés
- 1 c. à soupe d'huile d'olive
- Petites tranches de pain de campagne
- 20 g de beurre doux
- Fleur de sel, poivre du moulin

1. Préchauffez le four à 180 °C. Disposez les échalotes dans un plat à four et faites-les cuire durant 30 min, en ajoutant l'huile d'olive et 1 pincée de fleur de sel.
2. Égouttez et séchez les haricots, puis émincez-les finement en les mélangeant avec les échalotes sorties du four. Salez et poivrez.
3. Servez la purée d'échalotes et de haricots sur des petites tranches de pain de campagne grillées et légèrement beurrées.

Le petit plus érotique de la paresseuse

L'échalote était très appréciée des Grecs et des Romains qui la considéraient autant comme un aliment que comme un aphrodisiaque. Aujourd'hui encore, elle est particulièrement prisée en France, et l'on se demande encore d'où vient notre réputation ?

14. Pommes de terre peau douce à la tapenade et au carpaccio de bœuf

Pour 2 personnes

- 4 petites pommes de terre nouvelles
- 1 petit pot de tapenade noire
- 100 g de carpaccio de bœuf
- 1 c. à soupe de copeaux de parmesan
- 2 c. à soupe d'huile d'olive de qualité supérieure
- Quelques feuilles de basilic
- Fleur de sel, poivre du moulin

1. Épluchez les pommes de terre et faites-les cuire pendant 20 min. Quand elles sont moelleuses, égouttez-les et coupez-les en 2 dans l'épaisseur.
2. Posez les pommes de terre sur une assiette, côté bombé en dessous. Petite astuce : coupez un petit bout de la partie bombée pour qu'elles tiennent debout.
3. Couvrez-les d'une fine couche de tapenade, puis d'une tranche de carpaccio. Déposez quelques copeaux de parmesan. Arrosez d'un filet d'huile d'olive, salez et poivrez. Décorez de feuilles de basilic et servez aussitôt.

Le petit plus érotique de la paresseuse

Scoop ! Les pommes de terre bénéficiaient d'une réputation sulfureuse... en Amérique du Sud. Apparemment, cette réputation n'a pas traversé l'Atlantique avec Parmentier.

15. Boulettes à damner un saint au fromage de chèvre frais

Pour 12 boulettes

- 2 fromages de chèvre frais
- 2 c. à soupe de pignons hachés
- 1 c. à café de poivre mignonnette
- 1 bouquet de fines herbes ciselées (ciboulette, cerfeuil, persil plat)
- Paprika en poudre
- Fleur de sel, poivre du moulin

1. Écrasez le fromage de chèvre frais à la fourchette. Salez et poivrez.
2. Confectionnez 12 petites boules en roulant le fromage entre vos mains.
3. Roulez 3 boulettes ainsi formées dans les pignons, 3 autres dans le poivre mignonnette, 3 autres dans les fines herbes et les 3 dernières dans le paprika en poudre.
4. Déposez les boulettes de fromage aromatisées dans des petits paniers en papier individuels et conservez-les au frais jusqu'au moment de servir.

Le petit plus érotique de la paresseuse

Si vous êtes de celles qui pensent que le fromage de chèvre n'a rien d'érotique, notamment à cause de l'haleine assez chargée qu'il laisse, dites-vous bien qu'il en sera de même pour votre partenaire. Au pire, prétextez une folle envie d'être bâillonnée.

PAS SI « RADICULES », CES PETITES TIGES...

Si vous comptez servir des radis à l'apéritif, faites-en des fleurs. Incisez-les en croix à leur extrémité, à quelques millimètres de la naissance des feuilles, et mettez-les à tremper dans de l'eau salée. Ils s'ouvriront comme des fleurs en une demi-heure.

Et pour accompagner tout ça ?

« Sans vin, il n'y a pas d'amour », disait Euripide. Bon, O.K., il exagérait peut-être un peu, mais avouez que vin et amour vont plutôt bien ensemble. Pas étonnant que l'on ouvre une bonne bouteille pour fêter un anniversaire de mariage, pour arroser un souper de la Saint-Valentin ou même pour amadouer Jules lors d'un premier rendez-vous !

Donc, n'hésitez pas à lui concocter des breuvages à faire bouillir le sang. Un bon chablis auquel vous aurez ajouté un mélange d'épices se transformera instantanément en aphrodisiaque. Les intrépides pourront également tenter le vin d'oignon (400 g d'oignons rouges finement hachés, 50 g de miel et 1 bonne bouteille de blanc, à laisser macérer pendant quelques heures et à filtrer avant de boire). Sans parler des bulles, qui auraient les mêmes propriétés que le Viagra ! À condition de ne pas en abuser... au risque de vous retrouver à ronfler en chœur dès 21 h.

Quelques suggestions pour un plan d'attaque béton

Votre objectif numéro un consistera à émoustiller vos papilles et les siennes, et surtout à ne pas les fatiguer avant de passer à table. Puis, vous monterez en puissance au fur et à mesure du repas, car notre perception gustative a tendance à s'émousser ; c'est pour cela qu'il est de coutume de réserver les vins les plus forts pour la fin. Dans le cas où vous passeriez rapidement de l'apéritif au premier plat, il serait sage de suivre une progression, en veillant à servir un vin aussi léger en entrée que celui que vous avez servi à l'apéritif. Voilà pour la théorie, même si, en pratique, il n'est pas toujours facile d'être aussi prévoyant, surtout lorsqu'on est une paresseuse qui veut tout, tout de suite. Heureusement, voici quelques conseils qui feront de vous une vraie pro en la matière.

Resservez le vin de l'apéritif en entrée

Le sancerre accompagnera à merveille des pointes d'asperges, ainsi qu'une salade au chèvre chaud. Le riesling sec passera sans difficulté avec des huîtres ou un tartare de poisson. Quant au chablis, il se mariera parfaitement avec une terrine de volaille... Et le plus beau, c'est que vous n'avez même pas à changer de verre !

Lancez une dégustation verticale

C'est-à-dire une dégustation successive de plusieurs vins issus d'une seule et même propriété. L'apéritif, ce moment précieux où l'on se met à son aise, peut en constituer la rampe de lancement idéale. Les dégustations verticales sont trop souvent réservées aux vins rouges alors que les blancs de garde, les pessac-péognan, les hermitages et autres corton-charlemagne s'y prêtent à la perfection. Sinon, donnez la préférence à des cépages blancs secs, tout de finesse, élégants, aériens, croquants de fruits, voire légèrement doucereux. Par exemple, un riesling Kabinett de Moselle, très aérien, ou encore un cour-cheverny de Loire et son cépage Romorantin, tout en fraîcheur ; un quincy, avec sa merveilleuse minéralité ; un vin alpin, le crépy, accueillant, étonnant ou autre sylvaner d'Alsace. Ces vins blancs ne sont que des exemples, bien entendu, la liste n'est surtout pas exhaustive. Il existe tant de vins expressifs, acidulés et friands, qui ne demandent qu'à taquiner vos papilles pour les préparer à un grand repas en amoureux !

Soyez incollable sur les champagnes

Blanc de blanc, millésimé, brut... Pour bien choisir votre champagne, mettez (provisoirement) de côté la paresseuse qui sommeille en vous et décodez les étiquettes de manière à devenir absolument incollable. Un bon plan pour l'épater...

Le millésime

Un producteur de champagne peut, dans les années exceptionnelles (1990, 1996...), choisir d'en tirer un millésime (environ 5 % de la production). Autrement, la plupart de la production est un assemblage des vins de réserve produits les années précédentes. Un champagne non millésimé sera de qualité uniforme d'une année sur l'autre, un champagne millésimé sera plus riche, plus profond, plus expansif et plus parfumé. Un peu comme lorsque vous décidez de ne pas aller travailler en raison des soldes !!!

Le cépage

L'appellation « Champagne » a retenu trois cépages nobles pour la production du champagne : le pinot noir, le pinot meunier et le chardonnay. Ces trois cépages ont été choisis pour leurs qualités optimales : équilibre sucre/acidité s'harmonisant avec l'effervescence, richesse et subtilité du goût, bonne capacité de prise de mousse, bonne adaptation au terroir champenois. Le champagne est le plus souvent un vin d'assemblage de ces trois cépages issus de lieux et d'années de production différents. L'art de l'assemblage consiste à exploiter la complémentarité des cépages – les grandes maisons en font une spécialité. Le champagne blanc de blanc est issu du seul chardonnay. Plus rares sont les blancs de noirs issus uniquement des cépages rouges, les pinots. Certains champagnes sont dits « mono-crus » car ils sont produits dans un seul village ou une seule exploitation. Les plus prestigieux sont les grands crus (regroupant 17 communes), puis les premiers crus pour 41 autres.

Le pinot noir est un cépage rouge dominant dans la montagne de Reims et l'Aube. Il constitue environ 40 % de l'encépagement. Ses vins sont corsés, charpentés et aptes au vieillissement. Le pinot noir produit des grappes compactes d'un noir violacé, composées de petits grains sphériques et serrés, possédant une peau épaisse recouverte de pruine. Peu fertile, il donne des vins de très grande qualité aux goûts de cassis, mûre, cerise, fraise et framboise.

Le pinot meunier est un autre cépage rouge de Champagne, majoritaire dans la grande vallée de la Marne. Ses vins sont généralement plus souples, ronds et fruités. Le pinot meunier est le cépage le plus planté en Champagne.

Le chardonnay est un grand cépage blanc plein de vivacité, de finesse et d'élégance. C'est le cépage des grands vins blancs de Bourgogne. Ses belles grappes dorées et allongées donnent un jus clair et sucré. Le plus souvent vinifiés en fûts de chêne, ses vins ont une belle robe jaune d'or, un nez très subtil de fleurs, de fruits secs, d'amandes et de noisettes qui présentent souvent une note grillée conférée par le fût. En bouche, ils sont frais et tout en rondeur, avec une très bonne persistance aromatique. Ils sentent l'amande, le beurre, la noisette, le miel, les fruits à chair blanche et la fleur d'acacia.

ROSE DE PLAISIR

Le champagne rosé est le seul vin rosé français qui peut être fabriqué en assemblant du vin rouge (de Champagne) avec du blanc (de Champagne, toujours !). Il est idéalement servi en apéritif ou avec des plats de viande et de fromage.

Le potentiel de garde et la conservation

En général, les maisons de Champagne ne doivent mettre sur le marché que des vins prêts à la consommation (même s'il peut arriver que certaines maisons cèdent à la pression du marché). Les vins millésimés ont un potentiel de garde, et certains puristes recommandent même de ne les boire qu'après 10 ans de conservation. En tout cas, conservez impérativement votre champagne à l'abri de la lumière.

Le service

Le champagne doit être servi frais, entre 6 et 8 °C lorsqu'il est jeune, jusqu'à 10 °C lorsqu'il est plus mature ou millésimé.
Placez la bouteille pendant 20 à 30 min dans un seau à champagne rempli à moitié d'eau et de glace (pas plus d'une dizaine de cubes de glace). Vous pouvez également placer la bouteille au réfrigérateur, mais jamais dans le compartiment à glace ou, pis, dans le congélateur.

LE VERRE IDÉAL

Pour apprécier toute la finesse d'un champagne, il faut lui donner le verre qu'il mérite. Son volume et sa hauteur doivent être suffisants pour laisser aux bulles la place d'évoluer, de monter à la surface, et permettre à la température de rester aussi constante que possible. Ses bords ne doivent pas être trop évasés au risque de voir s'envoler les arômes trop rapidement. Quant à la finesse du verre, elle joue également un rôle, en particulier au niveau des lèvres, favorisant les sensations gustatives. Le top reste encore le cristal.

7 cocktails ravageurs pour faire monter la température

Pour vous mettre dans l'ambiance, démarrez la soirée par un breuvage doux comme un baiser…

1. *Amor, amor*

Pour 1 personne

- 1/3 de jus de citron
- 2/3 de rhum
- 1 c. à café de miel

Secouez le tout au shaker avec de la glace et servez.

2. Douceur des amoureux

Pour 1 personne

- 2/3 de jus de goyave
- 1/3 de liqueur de litchi
- 1 trait de sirop de cerise
- 2 cerises bigarreaux ou tout autre fruit rouge (framboise, fraise des bois…)

1. Secouez les liquides au shaker avec de la glace.
2. Servez dans un verre à cocktail et ajoutez les cerises bigarreaux ou bien des cerises fraîches si c'est la saison. Dégustez bien frais.

3. Fruits défendus

Pour 1 personne

- 1/3 de miel
- 1/3 de jus d'orange
- 1/3 de cognac
- Un soupçon de champagne

1. Faites chauffer le mélange de miel, d'orange et de cognac durant 5 min. Laissez refroidir.
2. Servez dans un verre à cocktail avec du champagne.

4. Pink panter

Pour 1 personne

- 2 cl de rhum blanc
- 2 cl de crème de pêche
- 1,5 cl de liqueur de fraise
- 1 cl de jus de citron
- 0,5 cl de jus d'ananas

1. Secouez le tout au shaker avec de la glace.
2. Pour un total look panthère rose, vous pouvez planter une fraise au bord du verre et sortir vos griffes.

5. Oiseau de paradis

Pour 1 personne

- 0,5 cl de jus d'orange
- 2 cl de liqueur d'abricot
- 3 cl de gin

Versez le jus d'orange, la liqueur d'abricot et le gin dans votre shaker rempli de glaçons et secouez-le.

6. Sexy girl

Pour 1 personne

- 1/4 de Malibu
- 1/4 de gin
- 2/4 de jus d'orange
- 1 trait de sirop de fraise

1. Secouez les 3 premiers ingrédients au shaker et servez.
2. Versez ensuite le sirop de fraise.

L'INCONTOURNABLE FÉMININ

Pour 1 verre de kir, versez 1 mesure de liqueur de cassis dans un verre à vin et ajoutez 5 mesures de vin blanc sec très frais. Votre kir deviendra « royal » si vous remplacez le vin par du champagne. Alors, certes, les proportions « officielles » du kir sont 1/3 de cassis contre 2/3 de vin, mais c'est beaucoup trop sucré pour ce petit corps de rêve qui vous abrite…

7. Volupté

Pour 1 personne

- 1/2 verre d'eau
- 1/2 verre de porto
- 2 traits de curaçao
- 1 trait de cognac
- 2 morceaux de sucre

Mélangez doucement le tout dans une casserole et portez presque à ébullition. Servez et dégustez…

UN BON PORTO

Faites confiance à votre caviste : il vous conseillera probablement des Tawnies, des Late Bottled Vintages et des Vintages (c'est la crème !). Un Tawny de 12 ans, de couleur un peu rousse, fera merveille avec des noix ou des fromages à pâte dure. Un vintage est un porto millésimé beaucoup plus cher. Il peut vieillir pendant plus de 20 ans et s'améliorer.

Aujourd'hui, on ne boit plus, comme nos grands-parents, du porto à l'apéritif. En revanche, on le déguste avec un fromage persillé, un bleu, un stilton ou un roquefort. Un verre de porto avec du fromage, c'est le mariage parfait, la rencontre sublimée du salé et du moelleux, de la violence contenue du fromage et de la suavité du vin. Les Anglais le savent depuis longtemps puisqu'ils le dégustent depuis le XVIIIe siècle avec leur *stilton*.

20 FAÇONS DE RAVIVER RADICALEMENT LA FLAMME

1. Soignez les apparences

Un homme craque parfois tout simplement pour une nuque bien dégagée. En sa présence, munissez-vous d'une jolie barrette que vous tiendrez dans la bouche pendant que vous vous ferez un chignon faussement négligé.

2. Soignez vos atouts

Videz le tube de mascara et mettez en valeur le décolleté. Un dîner réussi ne se passe pas que dans l'assiette.

3. Cessez de vous critiquer

Inutile de passer des heures devant votre glace à vous plaindre de votre nez ou de vos kilos en trop. Vous ne vous en débarrasserez pas en une demi-heure. Il faut faire avec ce que l'on a !

4. Ayez le sens de l'humour

Les filles cultivées et pleines d'esprit, ils adorent ! Donc n'hésitez pas à le faire rire, à rire de ses blagues (même si elles sont douteuses) et à rire de vous-même ; l'autodérision fait littéralement craquer les mecs.

5. Peaufinez les détails...

N'oubliez pas la petite goutte de parfum à l'intérieur des poignets, à la base du cou et même... au haut de la raie des fesses.

6. ... Mais ne soyez pas une *fashion victim*

Imposez votre propre style : les hommes de goût aiment les filles « stylées », et classes, mais pas forcément les accros de la mode.

7. Soyez sûre de vous...

Faites preuve d'une belle assurance et ayez confiance en vous. Être sûre de soi est un atout de séduction majeur. Encore faut-il agir en finesse. Vous ne voudriez pas passer pour une pimbêche, pas vrai ?

8. ... Mais montrez-vous fragile

Une pointe de douceur ne nuit pas. Les jules aiment protéger l'élue de leur cœur et sentir qu'ils sont utiles. On n'y peut rien, ça les fait fondre...

9. Écoutez-le

Les hommes adorent parler d'eux encore et toujours… Écoutez-le parler de sa petite personne d'un air intéressé et pendant des heures (une fois n'est pas coutume) s'il le faut !

10. Jouez un rôle

Juste l'espace de quelques heures. Et qui dit « rôle » dit « costumes » : jupes et dessous sexy, cela va de soi. Ne dirait-on pas des enfants qui salivent devant un gâteau au chocolat ?

11. Dites-vous que vous êtes irrésistible !

Coiffez-vous et maquillez-vous soigneusement, surtout les yeux ! Puis regardez-vous dans la glace : vous êtes une femme désirable et sexy ! L'homme de votre vie n'a pas la moindre chance de vous résister.

12. Faites réchauffer

Si vous êtes débordée ou nulle en cuisine (quoique, avec ce livre, vous n'avez plus trop d'excuse), courez acheter des surgelés de qualité ou dévalisez le japonais du coin. L'important n'est pas de cuisiner de manière super-sophistiquée, mais qu'il sente que vous avez fait un effort pour lui.

13. Trouvez un terrain d'entente

Il est désespérément carnivore et vous purement végétarienne ? Vous pourriez faire du tofu et lui faire croire que c'est un steak, mais ce n'est pas forcément une bonne idée. Faites plutôt deux plats : un pour vous et un autre pour lui.

14. Ne désespérez pas

Vous avez fait carboniser son médaillon de veau sauce morilles ? Tans pis, vous rattraperez le coup avec des câlins ! Cela dit, ne vous lancez pas dans un plat alambiqué que vous n'avez jamais essayé ou, si c'est le cas, soyez au moins sûre de votre entrée et de votre dessert.

15. Consolez-vous

Si vous ratez l'entrée, le plat, le dessert et tout le toutim, il se dira probablement : « Mauvaise en cuisine = bonne au lit ! »

16. Planquez la télécommande

Impératif ! Ce n'est pas le moment qu'il s'affale sur le canapé ! Surtout si vous êtes mariée depuis un certain temps et que votre moitié est un habitué du zapping. Faites l'innocente, vous ne savez absolument pas où est passée cette satanée télécommande !

17. Abstenez-vous...

... De tout contact physique avant le jour J, en prétextant ce que vous voulez – on vous fait confiance ! Rien de mieux que la chasteté pour faire monter la pression.

18. Lâchez prise

Vous êtes une pro du management et vous dirigez quotidiennement une équipe de 20 personnes à la baguette ? Détendez-vous ! Après tout vous n'organisez pas une table ronde, mais un dîner en amoureux.

19. Osez...

Allez le chercher au travail et glissez-lui dans l'oreille que vous êtes entièrement nue sous votre manteau (vrai ou pas, c'est à vous de voir).

20. Jouez...

Envoyez-lui des mails et des SMS à lui faire bouillir le sang. Le must : savoir quand votre chéri est en réunion ou en R.-V. et lui envoyer un message très oooosé !

chapitre 2

Comment émoustiller ses bourgeons sensoriels

Comment cuisiner vos amours avec légèreté ?

L'autre soir, alors que vous sortiez nue de la salle de bains, votre chéri ne vous a même pas remarquée ? Mais que sont donc devenus la passion d'antan, vos conversations sans fin, vos étreintes sensuelles et vos fous rires complices ? Pas de panique, rien n'est perdu à condition de savoir mener la bonne bataille : la lutte contre l'usure de la vie à deux. Comment ? Commencez par un dîner, car manger est un acte charnel ! Une femme (ou un homme) qui cuisine, c'est sexy, pulpeux, généreux... surtout si l'on troque le tablier en toile cirée pour une robe à paillettes ! Faire fondre à feu vif, monter à frémissement, faire suer, émulsionner, assaisonner, pétrir, éplucher, malaxer... amour et cuisine s'entremêlent dans un même péché de gourmandise sensuelle.

« Le plaisir du palais et celui de l'amour firent toujours bon ménage, tant il est vrai qu'un mets délicieux éveille tous les sens à la fois », disait Brillat-Savarin. Donc, au bonheur d'un repas partagé, ajoutez la joie de l'avoir préparé dans le désir de séduire. Quand l'imagination et la fantaisie s'allient à la tendresse ou à la passion, la paresseuse arrive forcément à ses fins !

Conclusion : subjuguez-le sans scrupules entre l'apéritif et le dessert ! Ne négligez aucun détail : vous avez sorti votre plus belle nappe, soigneusement repassée, vous avez changé les draps, votre vase est rempli de fleurs, quelques bougies sont allumées. Votre dîner, tout en étant parfaitement calculé et maîtrisé comme celui d'une vieille cuisinière (alors que, par hypothèse, vous êtes belle et jeune), doit absolument donner l'apparence de la légèreté, de la rapidité et de l'aisance d'exécution. Bref, montrez que vous faites ce dîner en toute simplicité, en un tournemain, comme une improvisation (enfin, on se comprend) !

Quel estomac sur pattes vit à vos côtés ?

Les rapports qu'entretiennent les divers signes du zodiaque avec la nourriture sont parfois très amusants. Pour rire un peu, voyons donc les habitudes alimentaires de tout ce beau monde.

Bélier

Le Bélier est un impulsif qui aime les préparatifs rapides. Manger n'est certes pas une priorité dans sa vie, mais il a un bon appétit, peut-être à cause de toute l'énergie qu'il dépense. De bonnes portions d'aliments bien épicés, colorés à souhait et pleins de protéines feront son affaire… et la vôtre.

Taureau

Pour le Taureau, manger est un véritable rituel. Il n'est pas tant porté sur la variété que sur l'abondance d'une nourriture simple, consistante et rassasiante. M. Taureau a une préférence pour la viande rouge, les ragoûts et les mets traditionnels qui remplissent bien la panse. Pas trop difficile à satisfaire.

Gémeaux

À le voir sautiller de droite à gauche, le portable à la main, on se demande parfois si M. Gémeaux prend le temps de déjeuner. On le voit souvent manger debout, à la sauvette, pendant qu'il fait autre chose. Épatez-le avec de jolis petits plats orientaux rehaussés de crevettes pimentées et autres chinoiseries pour qu'il se pose un peu.

Cancer

Ce nostalgique de l'enfance ne jure que par la cuisine de Maman. Mais il est capricieux. N'allez surtout pas écraser ses toasts en les beurrant ou encore les couper en diagonale si ce n'est pas dans ses habitudes, il serait capable de bouder et de ne pas y toucher. Puisqu'il est de la catégorie des becs sucrés, forcez sur le dessert ; la madeleine d'antan devrait le faire fondre !

Lion

Le Lion n'est pas particulièrement préoccupé par la nourriture, mais c'est un perfectionniste qui aime épater la galerie et être ébloui. Ne lésinez pas sur le champagne et terminez par un dessert flambé. Le principal est que votre charmant Lion ait l'impression d'être à l'honneur !

Vierge

La Vierge est perfectionniste et mange du bout des lèvres des aliments sains de préférence. Étant née sous un signe cérébral (mercurien), elle choisit sa nourriture avec sa tête plutôt qu'avec son ventre. Servez son dîner dans de la porcelaine anglaise, faites-lui des plats légers, variés, pas gras, et bons pour la santé, et (toujours ce souci du détail) bien présentés.

Balance

Ce signe vénusien est tout en raffinement. La Balance ne vit pas pour manger, mais elle prétexte souvent un repas pour se retrouver en compagnie galante. Pour M. Balance, la nourriture n'a jamais si bon goût que lorsque vous mettez des fleurs sur la table, allumez les chandelles, tamisez les lumières et, musique en sourdine, lui décrochez votre plus beau sourire. Un soufflé au crabe assaisonné à l'estragon, un vin blanc doux, un petit dessert sensuel, et votre Balance est aux anges !

Scorpion

Le Scorpion aime manger et il a bon appétit. En revanche, s'il n'aime pas ce que vous lui servez, il est capable de ne pas y pas toucher même s'il meurt de faim. Dans ce cas, il vous le fera savoir sans détour en vous disant exactement ce qui ne va pas. S'il paraît satisfait, c'est que le repas est définitivement une réussite !

Sagittaire

Le Sagittaire, c'est bien connu, est un agité... Surtout dans la cuisine. Si vous préparez un repas pour un Sagittaire et qu'il demande à vous aider, ne lui faites pas tenir votre tarte à la crème pendant que vous accomplissez autre chose, elle pourrait bien lui échapper. Ce jupitérien aime la vie et la nourriture, qui font évidemment partie des petits plaisirs de l'existence. Bien qu'il ne prenne pas la bouffe au sérieux comme le Taureau, il aime bien manger, surtout si le repas est – passablement, beaucoup, très – arrosé.

Capricorne

Ce saturnien, que l'on qualifie souvent de signe austère, a un bon coup de fourchette. Après tout, c'est un signe de terre. Et si manger n'est pas sa préoccupation première, en bon matérialiste, il s'assure de toujours avoir quelque chose à se mettre sous la dent. Comme son signe opposé, le Cancer, il adore les sucreries, car, au fond, c'est un grand bébé !

Verseau

Ce signe d'air oublie parfois de manger tellement il s'agite dans tous les sens. Il n'aime pas être coincé pour un dîner en tête-à-tête et encore moins les grandes effusions sentimentales. Il n'est pas difficile et ne rechigne pas à manger toujours la même chose pourvu ce soit un de ses mets préférés.

Mais la nourriture demeure pour lui une préoccupation très secondaire. Usez de tact, rusez, un Verseau n'est pas facile à attraper par le ventre !

Poissons

Ce doux signe d'eau sait apprécier les bonnes choses, surtout lorsqu'on les lui prépare avec amour. Et il aime les repas bien arrosés. C'est un romantique pour qui la nourriture est secondaire par rapport à l'ambiance du repas. Soyez rassurée, si jamais vous avez raté le soufflé, il saura vous convaincre que c'est faux, absolument exquis, tout simplement unique. Il est si mignon…

7 trucs de paresseuse pour lui faire tourner la tête

1. Débarrassez-vous des *bambini*

C'est im-pé-ra-tif ! Si vous avez des enfants, au lit ! S'ils sont trop grands pour aller au lit à 20 h 30, offrez-leur une séance de ciné.

2. Soyez pulpeuse

Pour rendre vos lèvres bien charnues, superposez les teintes. Posez d'abord la couleur la plus foncée (qui sert en même temps à définir le contour), puis complétez avec une couleur plus claire sur la partie la plus pulpeuse de la lèvre. Le tout appliqué au pinceau sur des lèvres parfaitement hydratées.

3. Ne lésinez pas sur l'ambiance

Soignez la présentation et l'ambiance du repas pour en augmenter l'intensité érotique. C'est l'occasion de décorer votre table avec des bougies, des fleurs ou tout autre objet invitant au voyage et à la rêverie. Une atmosphère délicieuse éveillera tous vos sens et les siens.

4. Faites-vous des films…

Imaginez un scénario pour le rendre jaloux (pas trop tiré par les cheveux, juste pour le faire réagir). Par exemple, glissez-lui qu'un gars hyper-sexy vous a accostée dans la rue (« Oh, rien de bien particulier à signaler, si ce n'est qu'il ressemblait étrangement à Brad Pitt ! »).

QUELQUES FILMS POUR VOUS METTRE DANS L'AMBIANCE

- ***Le Festin de Babette*** : une vraie leçon sur la façon de préparer avec amour un petit festin pensé dans ses moindres détails, avec toute la joie de vivre et la chaleur humaine qui s'en dégagent.
- ***Tampopo*** : l'homme est ce qu'il mange. Difficile de trouver démonstration plus divertissante de cette philosophie de l'existence qui se révèle dans la minutieuse préparation d'une soupe aux nouilles et dans le plaisir que l'on prend à la déguster.
- ***My Dinner with André*** : un film de Louis Malle, à la fois intense et discret. Aucun réalisateur n'a su montrer avec autant d'intelligence et de charme la façon inspirée dont on peut, à la faveur d'un bon repas, parler de la vie et de l'amour.

5. Misez sur l'éclairage

Les bougies, cela n'a rien de ringard. C'est même obligatoire. D'ailleurs, les hommes aiment l'éclairage tamisé. Il ne s'agit pas d'entrer dans un temple hindou, mais d'obtenir un éclairage subtil et doux.

6. Choisissez des morceaux fétiches

Du jazz pour le glamour, des crooners pour la chaleur, de la bossa-nova pour vous déhancher un peu, crinière au vent…

VOTRE SOIRÉE, EN CHANSONS...

- *Take My Breath Away* de Berlin
- *You Are the Everything* de REM
- *Our Love (Will See Us Through)* de Nina Simone
- *Right Here Waiting* de Richard Marx
- *The Blower's Daughter* de Damien Rice
- *Shadow of a Man* de Bedouin Soundclash
- *Nothing Compares 2 U* de Sinéad O'Connor
- *Kiss Me* de Sixpence None The Richer
- *My Heart Will Go on* de Céline Dion
- *Can't Help Falling in Love* de UB40
- *At Last* d'Etta James
- *L'Hymne à l'amour* d'Édith Piaf
- *Hey There Delilah* de Plain White T's

7. Attirez-le dans vos griffes

Les couleurs les plus attirantes pour les hommes seraient le rouge orangé, le violet et le rose. Ce qu'ils trouveraient anti-sexy au possible : le gris. Une info à garder en tête lors de vos virées lingerie.

20 entrées pour l'assaisonner aux petits oignons

1. Poêlée de crevettes geishas à la pistache

Pour 2 personnes

- 200 g de grosses crevettes crues surgelées
- Le jus de 1 citron vert

- 1 petit piment
- 1/2 oignon émincé
- 1/2 poivron rouge coupé en lamelles
- 1/2 poivron vert coupé en lamelles
- 1 gousse d'ail pelée et pilée
- 1 morceau de gingembre frais de 2 cm râpé
- 1/2 c. à café de muscade fraîchement râpée
- 2 c. à soupe de pistaches concassées
- Fleur de sel, poivre du moulin

1. Faites mariner les crevettes avec 1 pincée de fleur de sel, le jus de citron vert et le piment écrasé. Placez au réfrigérateur.
2. Pendant ce temps, faites revenir l'oignon et les poivrons. Au bout de 5 min, ajoutez l'ail et le gingembre, puis la muscade et le poivre, et enfin les crevettes dans leur jus de marinade. Faites revenir 10 min supplémentaires à feu vif histoire de laisser réduire.
3. Parsemez la préparation de pistaches et servez-la accompagnée d'une timbale de riz blanc.

Le petit plus érotique de la paresseuse

La consommation de pistaches fut longtemps réservée aux dynasties royales du Moyen-Orient. La pistache était d'ailleurs la noix favorite de la reine de Saba. Elle conservait toute la production assyrienne pour sa propre consommation et celle de sa cour. Morale de l'histoire, disposez vos crevettes dans de jolies assiettes, n'hésitez pas à parsemer des éclats de pistaches et espérez des miracles…

2. Salade de betterave rouge baiser

Pour 2 personnes

- 1 petite betterave rouge
- 2 petits oignons blancs nouveaux
- 4 filets d'anchois
- 1 c. à café de graines de cumin
- 2 c. à soupe d'huile d'arachide
- 1 c. à café de vinaigre de xérès
- 1 c. à café de vinaigre balsamique
- Fleur de sel, poivre du moulin

1. Pelez la betterave et coupez-la en quatre. Recoupez chaque quartier en lamelles fines et disposez celles-ci dans un saladier.
2. Pelez et émincez finement les oignons. Ôtez les arêtes des filets d'anchois, coupez-les en 2 dans la longueur. Ajoutez les oignons, les anchois et le cumin dans le saladier.
3. Dans un bol, fouettez l'huile, les 2 vinaigres, le sel et le poivre pour bien émulsionner la sauce. Versez celle-ci sur la salade de betterave et mélangez le tout délicatement.
4. Pour servir, disposez dans un joli plat pas trop profond la salade que vous dégusterez en vous regardant les yeux dans les yeux.

Le petit plus érotique de la paresseuse

Rouge… Amarante, bordeaux, carmin, coquelicot, écarlate, garance, magenta, pourpre, rubis, sang, vermeil, vin rouge pompéien, feu, cardinal, rouge carpaccio, Titien, rouge Ferrari, rouge diable, rouge baiser, glamour, rougeâtre, rougeoiement, érubescent, rubicond, carton rouge, chanson rouge, Croix-Rouge, label rouge, planète rouge, ruban rouge, tapis rouge, l'Affiche rouge, la Butte rouge, le Petit Livre rouge, Dany le Rouge, Julie la Rousse, le Petit Chaperon rouge, la Muse rouge… Le rouge inspire.

3. Bricks câlins de saumon et ricotta sur lit de roquette

Pour 2 personnes

- 1 c. à soupe de crème fraîche
- 2 c. à soupe de ricotta
- Le jus de 1 citron
- 2 feuilles d'oseille ciselées
- 1 blanc de poireau
- 30 g de beurre
- 4 feuilles de brick
- 2 petits pavés de saumon de 100 g
- 150 g de roquette
- 2 c. à soupe d'huile d'olive
- 1 c. à soupe de vinaigre balsamique
- Quelques brins de ciboulette ciselée
- Fleur de sel, poivre du moulin

1. Préchauffez le four à 180 °C. Mélangez la crème fraîche, la ricotta et le jus de citron. Incorporez l'oseille ciselée, poivrez et mélangez le tout.
2. Mettez 10 g de beurre à chauffer dans une poêle et faites-y revenir le blanc de poireau coupé en petits morceaux durant 10 min environ. Salez. Réservez.
3. Faites fondre 20 g de beurre à feu doux, puis badigeonnez-en les feuilles de brick sur une face. Disposez-les par deux en les superposant (face beurrée contre le fond du plat).
4. Répartissez sur chaque paire de feuilles les ingrédients : d'abord le mélange à base de ricotta, puis les poireaux fondus et, en dernier, le saumon.

5. Fermez votre ballotin et maintenez-le avec un cure-dents. Faites cuire au four à 180 °C durant 20 min environ.
6. Disposez vos bricks sur un lit de roquette assaisonnée et parsemez le tout de ciboulette.

Le petit plus érotique de la paresseuse

La ricotta est un fromage d'origine italienne que l'on trouve pincipalement dans les régions du Piémont et de la Lombardie. La légende dit que c'est François d'Assise qui enseigna la recette de la ricotta. Il faut croire que c'était avant de devenir un saint, car Francesco eut, selon la légende, une jeunesse fort dissipée !

4. Marguerites de Saint-Jacques à effeuiller délicatement

Pour 2 personnes

- 8 belles noix de Saint-Jacques (sans corail)
- 3 c. à soupe d'huile d'olive
- 1/2 citron
- 2 branches de coriandre fraîche
- Un peu de ciboulette
- Quelques baies roses
- Fleur de sel, poivre du moulin

1. Rincez et épongez les noix de Saint-Jacques et placez-les au congélateur durant 10 min de manière à ce qu'elles durcissent un peu. Coupez-les ensuite en lamelles dans l'épaisseur à l'aide d'un couteau bien tranchant.
2. Badigeonnez au pinceau 2 assiettes d'un léger film d'huile d'olive, puis disposez les lamelles de Saint-Jacques en rosaces (pour figurer les pétales d'une

marguerite), en les oignant d'huile au fur et à mesure (toujours au pinceau) pour qu'elles ne collent pas entre elles. Bien entendu, débrouillez-vous pour que le nombre de pétales tombe précisément sur « à la folie » !

3. Coupez 2 rondelles de citron et gardez-les au frais. Parsemez les noix de Saint-Jacques de quelques gouttes de jus de citron. Recouvrez chaque assiette de film alimentaire et placez-les pendant 1 h au réfrigérateur.

4. Dès qu'elles sont bien fraîches, sortez les Saint-Jacques et parsemez-les d'un peu de fleur de sel et de poivre, de coriandre et de ciboulette finement ciselées ainsi que de quelques baies roses grossièrement broyées.

5. Disposez une rondelle de citron au centre de chaque assiette pour figurer le cœur jaune des marguerites. Accompagnez éventuellement votre plat de tartines de pain de campagne grillées et de beurre demi-sel.

Le petit plus érotique de la paresseuse

L'expression « effeuiller la marguerite » provient de propos galants tenus pour tenter de séduire (« conter fleurette »). De manière plus poussée encore, ce jeu amoureux peut s'entendre d'un point de vue plus physique : « l'effeuillage » ne s'attachant plus aux pétales d'une fleur, mais aux vêtements d'une femme. Si l'on sait que, pour certains, la marguerite peut désigner de manière argotique le sexe féminin, on peut même entrevoir là une signification encore plus osée…

5. Soupe de la passion au gingembre

Pour 2 personnes

- 200 g de carottes
- 30 g de beurre
- 1 petit bout de gingembre frais de 1 cm
- 25 cl de bouillon de poule
- 2 c. à soupe de crème fraîche épaisse

- Un peu de persil plat émincé
- Sel, poivre

1. Épluchez et taillez les carottes en tronçons. Conservez-en 2 entières.
2. Dans une poêle, faites revenir les morceaux de carotte au beurre en les tournant régulièrement pour les faire dorer.
3. Pendant ce temps, épluchez et émincez le gingembre puis portez-le 3 fois à ébullition dans une casserole d'eau en changeant l'eau après chaque bouillon.
4. Mettez les carottes dans une casserole, ajoutez le bouillon de poule, rectifiez l'assaisonnement et laissez cuire pendant 30 min.
5. Taillez à l'aide d'un Économe les 2 carottes que vous avez réservées en longues lanières. Faites-les revenir durant 5 minutes à la poêle avec un peu de beurre. En fin de cuisson, ajoutez le gingembre.
6. Mixez les préparations en ajoutant la crème épaisse. Versez le tout dans une casserole et portez de nouveau à ébullition. Goûtez, et ajoutez du sel et du poivre si besoin est.
7. Servez le velouté dans des assiettes creuses et saupoudrez-le d'un peu de persil plat.

Le petit plus érotique de la paresseuse

Il paraît que les carottes rendent les fesses bien roses… Demandez à Jules d'aller vérifier !

6. Gambas « nuit de Chine, nuit câline »

Pour 2 personnes

- 1 tomate
- 1 morceau de gingembre frais de 1 cm
- 2 tranches d'ananas frais

- I c. à soupe d'huile d'olive
- I échalote émincée
- I c. à café de nuoc-mâm
- Le jus de I citron
- 8 queues de gambas
- 4 feuilles de coriandre
- Quelques brins de ciboulette ciselés
- Poivre du moulin

1. Pelez, épépinez et taillez la tomate en petits dés. Pelez et râpez finement le gingembre.
2. Détaillez les tranches d'ananas en petits morceaux et faites-les revenir dans l'huile d'olive avec l'échalote, le gingembre et les dés de tomate. Ajoutez le nuoc-mâm et le jus du citron. Laissez mijoter durant 30 min à couvert.
3. Plongez les queues de gambas dans le bouillon chaud. Laissez frémir pendant 5 min et ajoutez un tour de moulin à poivre, les feuilles de coriandre et la ciboulette avant de servir le plat.

Ne salez pas ce plat car le nuoc-mâm remplace le sel. C'est une saumure de poissons obtenue par une fermentation dans des cuves de couches d'anchois et de sel.

Le petit plus érotique de la paresseuse

Des queues de gambas pour planter le décor, du gingembre pour donner de la vigueur à Jules, un peu de citron pour la vitamine C : la nuit risque d'être plus que câline. Torride, oui !

7. Salade salace de pétoncles

Pour 2 personnes

- 200 g de pétoncles

- 1 petit verre de vin blanc sec
- 1 c. à café de moutarde
- 1 branche de thym ciselée
- Quelques feuilles de sauge ciselées
- 20 g de beurre
- 2 échalotes pelées et émincées
- 1 gousse d'ail pelée et pilée
- Un peu de persil frais émincé
- 100 g de mâche
- 2 c. à soupe d'huile d'olive
- 1 c. à soupe de vinaigre balsamique
- Fleur de sel, poivre du moulin.

1. Lavez les pétoncles et séchez-les.
2. Mélangez le vin blanc, la moutarde, le thym et la sauge. Salez et réservez.
3. Mettez le beurre à chauffer dans une poêle épaisse et faites-y revenir les échalotes, l'ail et les pétoncles durant 3 min à feu vif. Ajoutez au vin ce mélange en brassant jusqu'à ce que les pétoncles soient tendres. Salez et parsemez de persil.
4. Servez sur un lit de mâche assaisonnée.

Le petit plus érotique de la paresseuse

Le pétoncle est l'un des aphrodisiaques de la mer les plus puissants ! Ce mollusque contient des composants qui font tourner la machine des hormones sexuelles à plein régime, autant chez l'homme que chez la femme. Très proche de la coquille Saint-Jacques, ses parties comestibles, de chair délicate, sont le muscle qui ouvre des valves arrondies de couleur brun-gris (bonjour les références érotiques !).

8. Tomates fraîches en galante compagnie

Pour 2 personnes

- 2 belles tomates (vertes ou jaunes si vous en trouvez)
- 1 concombre
- 1 petit oignon
- 2 c. à soupe d'huile d'olive
- Le jus de 1 citron
- Quelques feuilles de laitue
- Quelques feuilles d'origan frais
- Quelques olives noires
- 50 g de feta
- Fleur de sel, poivre du moulin

1. Coupez les tomates en quartiers. Épluchez le concombre, puis coupez-le en tranches fines. Épluchez l'oignon et émincez-le.
2. Préparez l'assaisonnement avec l'huile d'olive, le jus de citron et les feuilles d'origan finement ciselées. Salez légèrement, poivrez abondamment… et fouettez vigoureusement.
3. Posez quelques feuilles de salade sur 2 assiettes. Répartissez-y artistiquement les quartiers de tomates, les tranches de concombre et d'oignon, ainsi que les olives. Émiettez grossièrement la feta et disposez-la sur la compagnie.

Le petit plus érotique de la paresseuse

Devinette douteuse : le concombre s'apparente-t-il à la famille des cucurbitacées ?
Réponse douteuse : oui, mais il n'y en a jamais assez !

9. Purée voluptueuse d'artichauts au cumin

Pour 2 personnes

- 2 fonds d'artichauts
- 1 cube de bouillon de légumes
- 1 c. à soupe d'huile d'olive
- 1 pincée de cumin en poudre
- 1 filet de jus de citron
- Persil plat frais
- Fleur de sel, poivre du moulin

1. Faire cuire les fonds d'artichauts dans un bouillon de légumes.
2. Quand ils sont tendres, mixez-les avec l'huile d'olive, le cumin, le jus de citron, du sel et du poivre.
3. Saupoudrez de persil frais et servez bien chaud !

Le petit plus érotique de la paresseuse

Chaud, chaud, l'artichaut ! Malheureusement, nous ne sommes plus au temps où, dans les rues de Paris, les marchands de légumes ambulants vantaient ainsi leur marchandise : « Artichauts, artichauts ! C'est pour monsieur et pour madame. Pour réchauffer le corps et l'âme et pour avoir le cul chaud ! » Dommage, ce serait amusant !

10. « Belles de Fontenay » affriolantes à la crème de sardine

Pour 2 personnes

- 2 petites pommes de terre Belle de Fontenay
- 4 sardines à l'huile d'olive

- 2 c. à soupe de fromage blanc
- 1 pincée de curry
- Quelques brins de ciboulette
- Gros sel, poivre du moulin

1. Préchauffez le four à 200 °C. Lavez et essuyez les pommes de terre sans les peler.
2. Découpez 2 rectangles dans du papier aluminium ou du papier cuisson. Déposez dans chacun 1 pomme de terre, quelques grains de gros sel et refermez-les. Mettez-les dans un plat et faites-les cuire au four durant 30 min. Vérifiez la cuisson avec la pointe d'un couteau.
3. Ouvrez les sardines en 2 et retirez l'arête centrale. Écrasez-les ensuite dans une préparation à base de fromage blanc et de curry. Salez et poivrez.
4. Servez les pommes de terre bien chaudes coupées en 2 avec cette crème de sardine. Parsemez de ciboulette ciselée.

Le petit plus érotique de la paresseuse

Troublante, la pomme de terre ? Qui aurait l'idée d'associer ce banal tubercule à l'amour ? Et pourtant… Les Aztèques l'adoraient sous le nom de « patata » et l'utilisaient pour faire des potions particulières idéales contre l'usure des parties intimes !

11. Cœurs divins de foie gras aux fruits rouges

Pour 2 personnes

- 200 g de salade de fruits rouges surgelés
- 2 tranches de foie gras de canard

- 2 tranches de pain de mie
- Poivre concassé

1. Décongelez la salade de fruits rouges à l'avance.
2. Découpez les tranches de foie gras à l'aide d'un emporte-pièce en forme de cœur.
3. Grillez les tranches de pain de mie et découpez-les également en forme de cœur.
4. Disposez les cœurs de pain au foie gras sur des assiettes individuelles, entourez-les de fruits rouges et parsemez-les de poivre concassé.

Le petit plus érotique de la paresseuse

Du champagne avec le foie gras ? C'est possible, mais tout dépend s'il s'agit d'un foie gras poêlé ou cuit et quelle sorte de foie gras :

- Avec du foie d'oie aux saveurs douces et suaves, choisissez des champagnes frais et légers.
- Avec un foie de canard aux saveurs rustiques et prononcées, préférez des champagnes puissants et charpentés.
- Pour une version sucrée-salée (comme ici), optez pour des champagnes ronds et moelleux.

12. Salade prometteuse au crabe et aux noix de Saint-Jacques

Pour 2 personnes

- 50 g de lentilles roses (ou corail)
- 1 paquet de 120 g de chair de crabe

- 3 c. à soupe d'huile d'olive
- 1 c. à soupe de vinaigre de xérès
- 4 grosses noix de Saint-Jacques
- 2 belles feuilles de laitue
- 4 olives noires
- 2 rondelles de citron vert
- Quelques brins d'aneth

1. Faites cuire les lentilles pendant 15 min dans de l'eau bouillante. Laissez refroidir, puis assaisonnez avec une vinaigrette classique composée de 2 c. à soupe d'huile d'olive et de vinaigre de xérès. Ajoutez la chair de crabe et mélangez.
2. Saisissez les noix de Saint-Jacques dans 1 c. à soupe d'huile durant 2 min de chaque côté. Laissez refroidir.
3. Dans des assiettes creuses ou des coupes, disposez le mélange crabe-lentilles sur les feuilles de laitue. Posez par-dessus les coquilles Saint-Jacques, les olives, les rondelles de citron vert et les brins d'aneth.

Le petit plus érotique de la paresseuse

La position du crabe, vous connaissez ?
Monsieur est allongé sur le dos, tandis que madame, de dos elle aussi, s'allonge sur monsieur. Une fois monsieur introduit, madame devra prendre appuis sur ses pieds et ses bras, son fessier restant seul en contact avec monsieur. Ceci étant fait, c'est en actionnant ses jambes que madame pourra aller et venir. Ainsi positionnée, madame pourra tout contrôler, mouvements comme rapidité ; monsieur, quant à lui, pourra aisément la caresser.

13. Soupe angélique de concombre aux pignons et au basilic

Pour 2 personnes

- 1/2 concombre
- 1 petit bouquet de basilic
- 30 g de feta
- 1 poignée de pignons de pin
- 1 c. à soupe d'huile d'olive
- Le jus de 1 citron
- Fleur de sel, poivre du moulin

1. Pelez le concombre et coupez-le grossièrement en tronçons. Lavez, séchez et effeuillez le basilic. Émiettez la feta en en gardant quelques cubes pour la déco.
2. Faites dorer les pignons dans une poêle chauffée à blanc. Surveillez bien la cuisson en secouant vivement la poêle pour que les pignons se colorent de tous les côtés sans brûler.
3. Mettez les rondelles de concombre dans le bol d'un mixeur. Ajoutez le jus de citron, la feta et le basilic en gardant quelques petites feuilles de côté pour le décor. Mixez jusqu'à l'obtention d'une soupe épaisse.
4. Versez la soupe dans un saladier. Salez et poivrez, ajoutez un filet d'huile d'olive et les pignons. Mélangez bien. Placez le résultat au frais pendant 1 h au moins avant de servir.
5. Répartissez la soupe dans 2 tasses, décorez de feuilles de basilic et de quelques dés de feta.

Le petit plus érotique de la paresseuse

Les pignons de pin viennent du pin pignon ou pin parasol, un arbre faisant partie de la famille des gymnospermes ! Décidément, cela devient de plus en plus difficile de ne pas avoir l'esprit mal tourné !

14. Saumon engageant sur son lit de gelée

Pour 2 personnes

- 2 feuilles de gélatine
- 1 citron vert
- 200 g de saumon fumé tranché finement
- 1 verre de vin blanc
- 1 petit pot d'œufs de saumon
- 2 c. à soupe de crème fraîche épaisse
- Un peu de persil plat
- Fleur de sel, poivre blanc du moulin

1. Faites ramollir la gélatine dans de l'eau froide.
2. Pendant ce temps, brossez le citron sous l'eau froide. Séchez-le et retirez le zeste avec un Économe. Coupez-le et prélevez son jus.
3. Mettez les tranches de saumon dans un plat creux, salez et poivrez, arrosez de jus de citron et réservez au frais.
4. Faites chauffer le vin blanc avec le zeste de citron. Aux premiers frémissements, retirez du feu. Essorez la gélatine et faites-la fondre dans le vin en fouettant. Laissez refroidir.
5. Versez la gelée dans des verres et répartissez ensuite dessus les tranches de saumon. Placez au frais pendant au moins 2 h.
6. Au moment de servir, ajoutez les œufs de saumon et 1 belle cuillerée de crème fraîche dans chaque verre. Décorez avec quelques feuilles de persil.

Le petit plus érotique de la paresseuse

Dites-lui que vous ne portez pas de culotte au cours du dîner, comme cela, l'air de rien, entre deux coups de fourchette. Alors ? Réaction ?

15. Soupe glacée tentation au melon et à l'orange

Pour 2 personnes

- 2 oranges à jus
- 1 melon mûr et parfumé
- 1 c. à soupe de Cointreau
- 1 poignée d'amandes effilées

1. Pelez et coupez 1 orange en fins quartiers, en prenant soin d'en ôter la peau blanche. Réservez au frais sous film alimentaire. Pressez le jus de la 2de orange.
2. Coupez le melon en 2 et épépinez-le. Prélevez sa chair et mettez-la dans le bol d'un mixeur avec le jus d'orange frais et le Cointreau. Mixez le tout jusqu'à l'obtention d'une soupe fine. Versez cette soupe dans un saladier et placez-la au frais pendant au moins 1 h.
3. Au moment de servir, répartissez la soupe dans des assiettes creuses, décorez de quartiers d'oranges et parsemez d'amandes effilées. Si vous manquez de temps pour réserver la soupe au frais, ajoutez quelques glaçons et mettez-la durant 15 minutes au congélateur.

Le petit plus érotique de la paresseuse

Le melon n'est pas forcément très érotique, mais les bottes de cuir, c'est une autre histoire !

16. Salade d'endives au pamplemousse rose et sa vinaigrette aigre-douce au miel

Pour 2 personnes

- 2 endives
- 1 pamplemousse rose
- 1 avocat
- Le jus de 1 citron
- 1 c. à soupe de miel liquide
- Quelques brins de ciboulette ciselés
- 30 g de copeaux de parmesan

1. Coupez la base des endives et effeuillez-les. Lavez-les et séchez-les bien. Mettez les feuilles dans un saladier.
2. Pelez le pamplemousse à vif, puis découpez-le en quartiers en prenant soin d'ôter la membrane blanche. Travaillez au-dessus d'un saladier pour récupérer le jus. Réservez les quartiers de pamplemousse.
3. Épluchez et coupez l'avocat en morceaux. Arrosez ceux-ci du jus de pamplemousse. Mettez les endives, l'avocat et le pamplemousse dans le saladier. Mélangez.
4. Mêlez le jus de citron et le miel, et versez la sauce sur la salade.
5. Répartissez la salade dans des coupes, et parsemez celles-ci de ciboulette et de copeaux de parmesan.

Le petit plus érotique de la paresseuse

Vous pouvez mélanger des endives blanches et des endives rouges pour apporter un peu de couleur et de gaieté à votre dîner en amoureux.

17. Citrons gaillards farcis aux sardines

Pour 2 personnes

- 2 citrons non traités
- 1 boîte de sardines à l'huile
- 1 poignée d'olives vertes dénoyautées et hachées
- Quelques brins de ciboulette ciselés
- Quelques feuilles de persil hachées
- Fleur de sel, poivre du moulin

1. Découpez un chapeau sur une extrémité des citrons et évidez ceux-ci. Récupérez le jus dans un bol.
2. Écrasez les sardines à l'aide d'une fourchette et mélangez-les avec les olives, les herbes et le jus de citron.
3. Garnissez les citrons avec la préparation. Salez, poivrez. Une recette plutôt estivale à servir accompagnée d'un poisson grillé et d'un bon petit rosé de Provence !

Le petit plus érotique de la paresseuse

L'acide citrique et la vitamine C contenus dans l'extrait de citron ont des vertus éclaircissantes et adoucissantes naturelles. Votre teint de paresseuse a toutes les chances de rester lisse et frais comme une rose.

18. Tartare de mangue et ses crevettes à la diable

Pour 2 personnes

Crevettes à l'ail :

- 8 crevettes crues décortiquées
- 1 filet d'huile d'olive
- 1/4 d'oignon rouge émincé
- Quelques feuilles de coriandre hachées
- 1 gousse d'ail pelée et pilée
- 1 pincée de gingembre en poudre
- Sel, poivre

Tartare de mangue :

- 1 c. à café de câpres
- 1 petite tomate ferme
- 1/2 mangue
- 1/4 de concombre
- 1/4 d'oignon rouge
- 1 pincée de gingembre en poudre
- 1 filet d'huile d'olive
- Fleur de sel, poivre

1. Faites revenir les crevettes dans un filet d'huile d'olive avec l'oignon, la coriandre et la pulpe d'ail. Comptez de 5 à 7 min puis salez, poivrez et saupoudrez de gingembre.
2. Pour préparer le tartare : rincez les câpres, pelez la tomate et épépinez-la pour qu'elle ne rende pas de jus. Coupez en très petits dés l'ensemble des

ingrédients, hormis les câpres. Mettez le tout dans un saladier, assaisonnez, puis laissez égoutter dans une passoire et placez pendant 10 min au frais.
3. Disposez le tartare en cercle sur les assiettes, avec, par-dessus, les crevettes tièdes. Servez avec un vin blanc sec.

Le petit plus érotique de la paresseuse

L'ail est riche en antioxydants, mais aussi en dérivés soufrés qui exercent des effets stimulants et toniques, et améliorent la circulation sanguine. Il est aussi riche en sélénium, un oligoélément important pour la fertilité masculine et, en particulier, la bonne santé des spermatozoïdes (bien joué !). Il restera, bien sûr, à convaincre Jules de surmonter le parfum piquant de votre haleine !

19. Huîtres tièdes sur fonds d'artichauts douillets

Pour 2 personnes

- 2 c. à soupe d'huile d'olive
- 1 c. à café de vinaigre de cidre
- 1 c. à café d'estragon ciselé
- 1 c. à café de cerfeuil ciselé
- 1 c. à café de ciboulette ciselée + quelques brins pour la déco
- 1/2 échalote pelée et émincée
- 2 fonds d'artichauts
- Le jus de 1 citron
- 4 huîtres
- Fleur de sel, poivre du moulin

1. Préparez la vinaigrette en mélangeant l'huile, le vinaigre, les herbes et l'échalote. Salez et poivrez.

2. Arrosez les fonds d'artichauts de jus de citron.
3. Ouvrez les huîtres en les plaçant durant 1 min dans un panier à vapeur, puis décoquillez-les.
4. Déposez dans chaque fond d'artichaut 2 huîtres plus quelques gouttes de vinaigrette. Salez et poivrez. Décorez avec quelques brins de ciboulette entiers.

Le petit plus érotique de la paresseuse

Casanova, grand amoureux vénitien, était un amateur d'huîtres. Il en mangeait jusqu'à 50 au petit déjeuner pour préparer sa journée. Quant au grand-duc Sergei de Russie, plus romantique, il fit porter un collier de perles (d'huîtres !) à la belle Augustine de Lierre comme symbole de leur amour.

20. Escalopes de foie gras et leur douce poire fraîche

Pour 2 personnes

- 2 tranches de pain d'épice
- 2 escalopes de foie gras de 50 g chacune (préférez un foie gras surgelé, car il fond moins à la cuisson)
- 1 poire bien mûre
- 1 c. à soupe de vinaigre balsamique
- Fleur de sel, poivre du moulin

1. Mixez les tranches de pain d'épice. Salez le foie gras à la fleur de sel et poivrez-le.
2. Passez les tranches de foie gras dans la poudre de pain d'épice. Poêlez les tranches sans matière grasse à feu moyen pendant 2 min de chaque côté.

3. Posez une escalope dans chaque assiette accompagnée de fines tranches de poire fraîche.
4. Déglacez la poêle avec le vinaigre balsamique, puis versez un filet de cette sauce sur le pourtour de chaque assiette.

Le petit plus érotique de la paresseuse

En Occident, la poire est un symbole féminin, il va de soi. Les noms qu'on lui a donnés au fil des siècles en témoignent assez bien : Belle Lucrative, Comtesse d'Angoulême, Doyenne du Comice, Duchesse d'Orléans, Joséphine de Malines, Louise-Bonne de Jersey, Marie-Louise, Madeleine, Winter Nelis...

LE FOIE GRAS DANS LES RÈGLES DE L'ART

Question foie gras, vous avez le choix : foie gras d'oie, de canard, entier ou en bloc, avec ou sans morceaux, mais aussi en médaillon, pâté, mousse ou galantine. Il peut même être préparé farci de truffes.

Oie ou canard ?

À vous de voir... On dit que le goût du foie gras d'oie est plus délicat en bouche, mais il se peut que vous le trouviez un peu fade par rapport à celui du canard. Le foie gras de canard est plus rustique avec un goût plus prononcé qui reflète ses origines géographiques. Pour certains, le goût est trop fort et moins raffiné que celui du foie gras d'oie. Bref, la seule façon de savoir lequel vous préférez est encore de les goûter !

Comment le déguster ?

• Ne tartinez jamais votre foie gras sur le pain ! Tranchez-le à la fourchette et portez-le à votre bouche.

• Ne sortez pas votre foie gras de son emballage trop tôt car il risque de ne plus être très appétissant. L'oxydation lui donne une couleur grise, que vous pouvez éviter en le laissant le plus longtemps possible dans son emballage. Il est préférable de le placer durant quelques heures au frais et de ne le sortir que 15 min avant de le servir à température ambiante.

• Découpez-le avec un couteau à lame fine tout en prenant soin de passer celui-ci sous l'eau chaude et de l'essuyer correctement entre chaque tranche. S'il s'agit d'un foie gras chaud, servez-le dès qu'il est prêt, de préférence dans un plat de service réchauffé au four préalablement.

• Accompagnez votre foie gras de pain de campagne ou de pain de mie légèrement toasté.
• Choisissez le vin qui se marie le mieux avec. Traditionnellement on sert un vin doux avec le foie gras des Landes. Les sauternes sont considérés comme étant les meilleurs, mais on peut aussi servir du jurançon, du monbazillac ou du bergerac. Le foie gras d'Alsace est souvent servi avec du gewurztraminer (de préférence de récolte tardive).

Et pour accompagner tout ça ?

On ne sait jamais, le signe astrologique de votre chéri pourrait bien influencer ses goûts œnologiques. La personnalité d'un vin ne dépend-elle pas de ses conditions de naissance, du terroir, de l'année et tutti quanti ?

Bélier

Le vin du Bélier est blanc, frais, expressif, intense, franc, sans trop de nuance, ferme, nerveux, précis et vif.
Ce qu'il lui faut : un chenin blanc (Loire)

Taureau

Pour le Taureau, un vin rouge, charnu, robuste. Un vin qui nourrit et réconforte, qui vieillit lentement mais sûrement.
Ce qu'il lui faut : un tannat (Sud-Ouest)

Gémeaux

Le vin du Gémeaux est un rouge léger, charmeur, insaisissable, comme lui. Le type même du vin à boire juste pour le plaisir.
Ce qu'il lui faut : un gamay (Beaujolais)

Cancer

Tout en rondeur, le vin du Cancer est un rouge brillant, frais et spontané, d'un naturel désarmant et d'une délicatesse parfaite.
Ce qu'il lui faut : un merlot (Bordeaux)

Lion

Par son tonus, sa charpente et sa puissance, le vin du Lion est rouge, aristocrate, brillant, expressif et loyal. Une classe innée !
Ce qu'il lui faut : un cabernet sauvignon (Bordeaux)

Vierge

Discret, nerveux, raffiné, détaillé, svelte et souvent sage, tel est le vin de la Vierge. Un vin blanc, un peu « intellectuel », mais toujours plein de finesse.
Ce qu'il lui faut : un viognier (Languedoc)

Balance

Le vin de la Balance est blanc et séducteur comme Monsieur. Tout en élégance, en rondeur, avec un souci du détail qu'offrent des vins harmonieux et complets.
Ce qu'il lui faut : un melon de Bourgogne (Loire)

Scorpion

Mystérieux et très sexy, le vin du Scorpion est blanc, séducteur, concentré, intense, puissant, magnétique... Il ne manque pas de caractère.
Ce qu'il lui faut : un grenache blanc (Roussillon)

Sagittaire

Le vin du Sagittaire a des tannins abondants et des saveurs concentrées. C'est un vin rouge racé, spirituel, expansif, imposant, généreux.
Ce qu'il lui faut : un mourvèdre (Côtes du Rhône)

Capricorne

Pas d'excentricité, restons classiques ! Le Capricorne aime les valeurs sûres. Son vin est rouge, plutôt solide, direct, discret, mature.
Ce qu'il lui faut : un cahors

Verseau

Sous une apparente simplicité, le vin du Verseau est rouge, complexe, original, paradoxal, éblouissant. Il est sec, doux, généreux et brillant.
Ce qu'il lui faut : un pinot noir (Bourgogne)

Poissons

Déroutant, séducteur, charnu, doux de nature, le vin de M. Poissons offre de multiples facettes pour éveiller rapidement les sens. Il est pétillant comme le champagne.
Ce qu'il lui faut : un champagne brut, *of course*.

UNE LANGUE BIEN PENDUE ET UN PALAIS AFFINÉ

Voici un petit lexique des termes que vous devez connaître en matière de vins…

• **Accrocher :** un vin très riche en tannins prend à l'intérieur des gencives. On dit qu'il accroche.

• **Acerbe :** vin qui est fait avec de mauvais ou de trop jeunes cépages, et donc dur, âpre et acide.

- **Agressif :** vin qui picote les papilles. Cela est dû à un excès d'acidité ou de tannins.
- **Aigre :** saveur acide très prononcée.
- **Ambré :** vin dont la couleur rappelle celle de l'ambre caractéristique de certains vins blancs qui ont vieilli.
- **Amer :** goût désagréable dû généralement à la dégradation de certains tannins.
- **Ample :** se dit d'un vin qui prend possession de la bouche longuement et pleinement.
- **Âpre :** qui donne l'impression de râper la langue. C'est un vin rude, difficile à avaler, riche en tannins.
- **Astringent :** vin tannique qui râpe le palais.
- **Bouchonné :** vin qui a une odeur ou un goût qui provient d'une altération du liège du bouchon.
- **Bouquet :** terme pour décrire les caractéristiques olfactives du vin.
- **Bourru :** se dit d'un vin jeune au sortir de la cave, encore obscurci par ses impuretés.
- **Brillant :** vin d'une transparence sans défaut.
- **Capiteux :** vin riche en alcool.
- **Charnu :** vin qui est très consistant. On dit qu'il a de la mâche.
- **Charpenté :** vin rouge bien constitué, dont les éléments sont équilibrés avec une intensité élevée.
- **Corps (qui a du) :** vin bien charpenté, bien constitué.
- **Corsé :** vin à caractère bien marqué, riche en alcool. On dit aussi « étoffé ».
- **Court :** vin à faible persistance des caractères gusto-olfactifs.
- **Cristallin :** vin brillant et transparent.
- **Déséquilibré :** vin dont la dégustation est dominée par un constituant en excès.
- **Dur :** impression désagréable due à un déséquilibre créé par un excès d'acide par rapport à l'alcool contenu dans le vin.
- **Épais :** impression d'ensemble indiquant un vin avec une robe colorée, avec, en bouche, une impression de lourdeur et beaucoup de matière.
- **Épanoui :** vin équilibré qui a atteint sa maturité en bouteille, son apogée. Le bouquet est à son maximum d'intensité et de complexité et les tannins sont fondus.
- **Épicé :** sensation olfactive qui rappelle le poivre et les épices.
- **Éventé :** vin ayant perdu ses qualités olfactives à la suite d'une oxydation prolongée.
- **Féminin :** caractérise un vin léger et tendre.
- **Finesse (qui a de la) :** vin ayant des qualités de classe élevées et un bouquet fort agréable.
- **Franc :** agréable et sans défaut.
- **Fruité :** vin qui dégage une agréable impression de goût de fruit.

- **Généreux :** vin riche en alcool et bien constitué.
- **Gouleyant :** vin qui se boit facilement ; c'est le résultat d'un bon rapport alcool/acidité.
- **Gras :** vin onctueux riche en alcool et en glycérol naturels.
- **Léger :** vin qui contient peu d'alcool.
- **Limpide :** vin qui, à l'œil nu, ne présente aucune particule en suspension.
- **Liquoreux :** vin qui a une saveur très douce, due à la présence de sucre.
- **Madérisé :** vin blanc oxydé dont le goût rappelle celui des vins de Madère.
- **Maigre :** vin qui manque de substance avec une acidité sous-jacente.
- **Moelleux :** vin onctueux, velouté.
- **Nerveux :** vin qui a du caractère et une acidité équilibrée.
- **Orangé :** désigne la couleur d'un vin vieux.
- **Oxydé :** vin dont la fraîcheur a disparu pour faire place à des odeurs lourdes et grossières rappelant l'humus.
- **Pâteux :** indique un vin blanc avec beaucoup de sucre et trop peu d'acidité pour le contrebalancer. c'est un vin lourd et souple qui empâte la bouche au final.
- **Pelure d'oignon :** désigne la teinte de certains vins rosés ayant vieilli.
- **Perlant :** vin qui présente à sa surface quelques bulles de CO_2.
- **Piqué :** vin altéré par une présence importante d'acidité volatile. Rappelle le vinaigre.
- **Plat :** vin qui manque de caractère et d'acidité.
- **Puissant :** vin plein de vivacité et de fraîcheur, généralement apte à bien vieillir.
- **Racé :** vin de grande qualité, élégant et généralement caractéristique de sa provenance.
- **Râpeux :** indique un vin avec un niveau de tannins particulièrement élevé.
- **Rond :** vin plein de finesse, sans aspérité et souple.
- **Rubis :** désigne la couleur d'un vin plutôt jeune.
- **Sec :** vin blanc ne renfermant plus de sucre dissous.
- **Sirupeux :** vin très concentré, à la manière d'un sirop, souvent d'acidité faible. C'est une qualité lorsqu'il s'agit de vins liquoreux d'exception.
- **Souple :** vin agréable à boire ayant du moelleux et peu de tannins.
- **Tuilé :** vin rouge vieux dont la teinte s'apparente à celle de la terre cuite ou à celle de la brique.
- **Velouté :** qui flatte le palais par une sensation de douceur.
- **Vert :** vin jeune dont l'acidité est très marquée.
- **Voilé :** vin qui présente un trouble plus ou moins important.

20 FAÇONS DE LUI AIGUISER LES SENS À OUTRANCE

1. Embrassez-le...

... Après chaque cuillerée de soupe (ou de tout autre ingrédient). Rien de tel pour faire monter la température !

2. Canalisez ses pulsions

Il tourne comme un lion en cage et rôde près des fourneaux ? Barrez-lui l'accès à la cuisine et trouvez-lui une occupation. Mais n'allez quand même pas jusqu'à lui faire planter un clou, lui demander d'éplucher les relevés de compte ou de vérifier les devoirs des enfants !

3. Usez d'artifices

Ce n'est ni le moment d'innover à outrance ni celui de bouleverser ses petites habitudes culinaires. Ne lui faites pas le coup du régime ou du plat unique.

4. Tenez-le en haleine

Pas question qu'il s'empiffre goulûment ! Ralentissez le rythme du repas, faites-le parler, racontez-lui un conte des mille et une nuits... Il faut impérativement qu'il mange lentement pour apprécier pleinement vos petits plats préparés avec amour.

5. Mettez-lui l'eau à la bouche

Jules doit rester en pleine possession de ses moyens. Il n'est donc pas interdit de ruser sur les quantités d'alcool. Veillez à ce qu'il y ait toujours 2 verres à portée de main, un pour l'eau, l'autre pour le vin.

6. Jouez les ingénues

Laissez dépasser une bretelle de votre soutien-gorge... Tout ce qui attirera son attention attisera inexorablement son envie d'y toucher.

7. Caressez ses joues

Un petit geste moins anodin qu'il n'y paraît. Légèreté, sensualité sont de mise : vos doigts, magnétiques et brûlants, lui donneront des frissons !

8. Amusez-vous...

Secouez négligemment votre belle crinière de lionne pour le magnétiser sans vergogne. L'homme n'est pas fait pour résister au pouvoir sensuel et sexuel d'une chevelure sauvage.

9. Massez-le...

Ôtez vos chaussures et massez ses chevilles entre vos pieds. Prévoyez à cet effet des bas très doux ou de grosses chaussettes en pilou (selon l'idée que vous vous faites de la sensualité).

10. Demandez-lui...

... de fermer ou d'ouvrir votre chaîne ou votre pendentif pour qu'il se penche sur votre nuque et se laisse envoûter par votre odeur.

11. Plaquez...

... sa main contre votre ventre en prétendant que vous avez un peu froid ou trop chaud. Pas trop longtemps toutefois, histoire qu'il ne vous saute pas dessus séance tenante !

12. Lisez-lui...

... À haute voix des extraits de *La Philosophie dans le boudoir* du Marquis de Sade. Non seulement vous développerez son imagination, mais vous augmenterez aussi considérablement sa culture générale.

13. Portez des vêtements sensuels

Choisissez des tissus délicats, comme la soie, le daim, le coton fin ou le lin.

14. Misez sur vos fesses

Mettez, en toute innocence, votre main dans la poche extérieure de votre jean (serré le jean) et caressez nonchalamment la forme arrondie de votre joli fessier.

15. Jouez des mains

Reposez langoureusement votre visage dans vos mains. Il paraît que c'est un geste qui indique le désir d'être touché (à bon entendeur...).

16. Passez les doigts dans vos cheveux

Tout en penchant la tête en arrière pour bien montrer votre cou. Gardez le contact visuel tout en souriant. Provocatrice, vous ?

17. Jouez à cache-cache

Avec une mèche de cheveux sur les yeux, vos lunettes, votre serviette... Un petit jeu pas tout à fait innocent et qui peut devenir carrément sexy.

18. Racontez-lui en détail…

… Votre rêve érotique de la nuit dernière (inventez au besoin !).

19. Opérez en monochrome

Concevez un menu autour d'une seule couleur, comme le rose ou le rouge, des couleurs particulièrement propices aux ardeurs amoureuses.

20. Provoquez-le

En plein dîner, regardez-le intensément et déclarez-lui tout de go qu'il n'est pas capable de vous donner un orgasme dans les 10 min qui viennent ! Fier comme un lion, il ne pourra pas reculer devant le défi qui s'offre à lui. Rrrrrrr…

chapitre 3

Comment pimenter sa passion au quotidien

Une fin (coquine) justifie-t-elle des moyens (plus que douteux) ?

La paresseuse se doit de connaître l'histoire de sa muse. En effet, qui dit « aphrodisiaques » dit « Aphrodite » (ou Vénus, dans la mythologie romaine). La belle était la déesse grecque de la germination, de l'amour, des plaisirs et de la beauté. Selon la tradition la plus populaire, Aphrodite naquit de la mer. Mariée à Héphaïstos, elle eut de multiples aventures extraconjugales et engendra Éros avec Arès, dieu du désir amoureux, et, avec Hermès, Hermaphrodite (mauvais point !). Il faut dire que la maligne avait une ceinture qui exhalait une odeur qui envoûtait tous les hommes. Résultat, elle choisissait tranquillement celui qui lui convenait pour passer une nuit sympa.

Et les aphrodisiaques dans tout ça ?

Oui, venons-y. Car il y a un rapport, vous vous en seriez doutée. Est aphrodisiaque tout moyen, matériel ou imaginaire, capable de stimuler, et, plus encore, de doper les capacités, à la fois physiques et intellectuelles des candidats aux records érotiques. Les aphrodisiaques étaient souvent utilisés en Grèce antique (ils savaient bien s'amuser, ceux-là !), sans compter qu'ensuite Casanova se vanta d'avoir séduit une fille en lui offrant des huîtres. Bidon ? Peut-être pas, surtout lorsqu'on sait que les huîtres sont riches en zinc et en fer. Or le fer sert à véhiculer l'oxygène dans les artères, alors que le zinc stimule le métabolisme en général et en particulier la concentration de la testostérone (hormone masculine)... Et les femmes dans tout ça ? Eh bien les femmes, elles, concoctaient de leur côté des philtres d'amour et autres potions magiques pour doper les performances de leurs amants, sachant bien qu'elles ne seraient pas les dernières à en profiter !

Bref, miel, ginseng, chocolat, poudre de défense d'éléphant, de corne de rhinocéros ou de cerf, vanille, noix de kola, noix de muscade, huîtres, girofle, romarin, champagne, cardamome, safran, aneth, ail... La liste des aliments, plantes et préparations déclarés aphrodisiaques est quasiment infinie. D'ailleurs, les substances aphrodisiaques les plus audacieuses sont généralement rares, chères, introuvables, voire dangereuses : corne de rhinocéros, pénis de tigre, perles (que les princes d'autrefois consommaient moulues avec du miel), émeraude, opium, ginseng, nids d'hirondelle, testicules de panda ou de bouc, œufs de moineau... ce n'est pas à la portée de tout le monde tout cela et c'est tant mieux !

Vous l'aurez compris : que l'on y croit ou pas, il n'est pas interdit de pimenter ses dîners et de s'amuser ! Ce qui compte, après tout, c'est la volupté que l'on en retire !

ET DANS L'ASSIETTE DES AUTRES ?

Diane de Poitiers servait à Henri II du brouet d'anguille pour peaufiner ses émois. Gabrielle d'Estrées mitonnait du filet de loup aux écrevisses pour maintenir l'intérêt d'Henri IV. Afin de soutenir la vigueur de Louis XV, Mme de Pompadour lui faisait préparer des gratins de céleri et des potages au cresson. Le Marquis de Sade séduisait avec de la sarriette et Casanova avec des huîtres, des œufs de caille et des anchois. Cléopâtre répandait de la cardamome dans les pièces de son palais pour coloniser le cœur de Marc-Antoine et les Grecs en parfumaient les tartes et les compotes pour améliorer leurs prouesses amoureuses. Catherine de Russie, priée de donner un héritier au trône, répliqua : « Apportez-moi du caviar, et ce soir, au souper, envoyez-moi le mieux bâti de mes officiers ! » Pas en reste, Henri IV croquait une gousse d'ail tous les matins. Victor Hugo préférait, quant à lui, l'oignon !

Les aphrodisiaques à zapper

Pour ne pas l'empoisonner, évitez donc de lui faire consommer ces quelques petites choses...

La yohimbine

La yohimbine provient de l'écorce d'un arbre du Cameroun, le yohimbehe. Elle est sans aucun doute efficace puisque vasodilatatrice. Elle provoque un afflux de sang au niveau de la verge et facilite l'érection. Résultat : il faut souvent augmenter les doses, mais les effets secondaires ne sont pas négligeables. Un conseil : mieux vaut zapper pour ne pas empoisonner Jules.

La cantharide

Cette mouche espagnole, une fois réduite en poudre, congestionne les parties génitales et peut déclencher une forte érection par la présence d'un composé, la cantharidine, que l'on retrouve aussi dans les cuisses de grenouille ! Elle valut au Marquis de Sade d'être embastillé pour avoir empoisonné quelques personnes avec de fameux chocolats fourrés ! Quant à Richelieu, il s'en délectait tant qu'il fit fabriquer en France les « bonbons à la cantharide de Richelieu » ! Dans les faits, c'est un toxique puissant qui peut provoquer un priapisme (érection prolongée et douloureuse), voire une hémorragie rénale. À oublier pour de bon !

PAS DE DEMI-MESURE !

Dans la Grèce antique, Priape était le dieu de la fertilité, également protecteur des jardins et des troupeaux, mais c'est surtout grâce à son gigantesque pénis constamment en érection qu'il est le plus connu ; une particularité qui a donné son nom au terme médical « priapisme ».

La mandragore

Son succès est lié au principe de similitude, puisque cette racine a une forme phallique. En réalité, elle renferme de la scopolamine, un composé utilisé aujourd'hui contre le mal de mer. Pas vraiment le propos, quoique pas trop méchant, encore faut-il réussir à s'en procurer.

La libido au fond de l'assiette

Ces quelques produits et ingrédients sont à privilégier dans tous vos repas en tête-à-tête. Si après cela, vous ne passez pas une bonne nuit, n'hésitez pas à nous écrire !

La truffe

« Elle rend les femmes plus tendres et les hommes plus entreprenants », affirmait Brillat-Savarin en 1825. Elle doit sans doute les vertus dont on la pare aux substances qu'elle contient, dont certaines sont très proches de la testostérone (hormone en lien avec le désir sexuel chez l'homme comme chez la femme).

L'ail

Le Talmud assure qu'il rend le sperme plus abondant. Dans la France médiévale, un ragoût à l'ail assurait aux jeunes gens fougueux des nuits amoureuses sans fin. Au Moyen-Orient, le jeune marié portait une gousse d'ail à sa boutonnière : un véritable remède contre l'amour, et pourtant… !

La moutarde

Son nom a pour origine « moût ardent », c'est tout dire ! Et dans toute l'Europe, les hommes avaient pris l'habitude d'enduire leur pénis, juste avant l'acte, d'un cataplasme à base de moutarde pour le moins brûlant… mais efficace (on espère pour eux !). On veut bien le croire, puisque la moutarde pique la peau, dilate les vaisseaux et intensifie localement la circulation sanguine (de cause à effet, il n'y a qu'un pas).

Le ginseng

C'est sans nul doute l'aphrodisiaque le plus célèbre et le plus demandé sur la planète ! Les empereurs chinois en consommaient à outrance pour honorer du mieux possible leurs quelque 1 000 concubines (quelle santé !). Avec sa forme de « petit homme », cette racine est utilisée depuis des millénaires. On la disait capable de fortifier les parties vitales et d'exciter la semence. Considérée comme panacée en Asie, cette racine exotique fait aujourd'hui l'objet de nombreuses études dans le domaine scientifique. Le ginseng possède en effet une puissante action antioxydante ; il stimule la vitalité physique et psychique et il semble que certains de ses effets psychologiques seraient de même nature que ceux du Viagra... Et si aucune étude européenne sérieuse n'a réussi à démontrer une réelle action, vous pouvez toujours y croire : il est grand le mystère de la foi !

Le gingembre

Pour les Indiens, le gingembre est LA plante fondamentale. Ils la considèrent comme le *wiswabhesaj*, ce qui veut dire « remède universel ».

Le safran

Les deux alcaloïdes qu'il contient lui confèreraient des vertus stimulantes. Autrefois on le faisait macérer dans du gin pour obtenir une boisson aphrodisiaque. Allez savoir avec ces vieilles recettes...

La muscade

La muscade est surtout associée à l'amour et à la beauté. La légende dit qu'il est bon de tenir une noix muscade sous son aisselle pour aller danser : un moyen efficace pour éviter de faire tapisserie toute la soirée !

Le carvi

Les superstitions ancrées dans la vieille Europe donnaient au carvi certains pouvoirs, dont celui de retenir les amants volages. Une méthode employée efficacement par les éleveurs de pigeons qui mélangent des graines de carvi à la nourriture pour qu'ils reviennent au pigeonnier. Ils en mettent aussi dans la nourriture des poulets pour prévenir le vagabondage chez la volaille... De la bête à l'homme, il n'y a qu'un pas que vous pourriez bien vous empresser de franchir...

Le curry

Lorsqu'il s'agit d'un mélange de cumin, cardamome, curcuma, clou de girofle, poivre et autre muscade, le curry se révèle être un cocktail explosif. Si, en présence de ces épices, vous vient la bonne idée de déclarer votre flamme, un conseil : calfeutrez les portes...

Les fruits de mer

Les fruits de mer sont connus pour mettre du sel dans les soirées, notamment les huîtres, qui sont certainement les plus réputées. Certaines études leur attribuent des propriétés stimulantes grâce à leur teneur élevée en iode et en phosphore. Pour d'autres, la laitance serait seule responsable d'une augmentation du désir ; il est vrai que cette substance blanche n'est autre que le liquide séminal émis par les huîtres.

Le caviar

Le caviar aurait des propriétés stimulantes. Peut-être que, là encore, son origine est la source de sa réputation... D'une manière générale, les œufs bénéficient d'une réputation aphrodisiaque. Le Kama-sutra conseille d'ailleurs d'en consommer en grande quantité pour retrouver sa vigueur sexuelle. Mais s'il est clair qu'un dîner aux chandelles ne peut que mettre Jules dans de bonnes dispositions, dépenser des sommes folles en caviar ne vous garantit pas une nuit inoubliable...

Le chocolat

Utilisé chez les Aztèques et introduit au XVIe siècle à la cour du roi de France, tout d'abord comme nectar sirupeux, le chocolat aurait acquis une réputation d'aliment aphrodisiaque grâce à la caféine et à la théobromine (connue pour ses effets stimulants) qu'il contient. On a découvert récemment qu'il stimulerait la sécrétion, dans le cerveau, d'une autre substance nommée « anandamide » qui mime les effets du cannabis. Hélas, trois fois hélas, il faudrait dévorer quelque 13 kilos de chocolat pour espérer atteindre le nirvana – paix à vos hanches ! Quelques carrés d'un chocolat raffiné peuvent néanmoins convenir aux organismes les plus fébriles : il provoque la libération d'endorphines, les hormones du plaisir.

La banane

La banane, sous son aspect le plus commun, a également bénéficié d'une réputation pour le moins scabreuse. Néanmoins, sa forme phallique est sans doute seule responsable de la légende.

Le céleri

Selon un ancien dicton, « si la femme savait ce que le céleri fait à l'homme, elle irait en chercher de Paris jusqu'à Rome » ! Au Moyen-Orient, on attribuait au céleri la propriété de faire engendrer des enfants mâles, et son jus était considéré comme un stimulant permettant de réveiller les ardeurs masculines les plus enfouies (pas la peine d'en arriver là !).

SACRÉE COQUINE !

Pour se donner du cœur à l'ouvrage, Mme de Pompadour avalait une douzaine de jaunes d'œufs battus avec des truffes, du chocolat râpé et du céleri ou un filet de sole. Et pour maintenir la vigueur de son royal amant, elle faisait préparer à son intention un gratin de céleri et, au matin, un potage de cresson pour le remettre d'une nuit agitée avant qu'il aille vaquer à ses royales occupations.

La vanille

C'est une plante de la famille des orchidées, dont les propriétés aphrodisiaques ont fait le tour du monde. Elle serait encore utilisée actuellement en Amérique du Sud comme remède contre les problèmes d'érection. De plus, son exploitation massive en parfumerie n'est certainement pas anodine... Mais là encore, aucune étude n'est venue confirmer le pouvoir de ces gousses sur la libido. Si vous êtes persuadée de son efficacité, n'achetez que des produits à base de vanille naturelle.

L'artichaut

Parmi les légumes jouissant d'une réputation aphrodisiaque, le plus connu est l'artichaut. Son nom serait d'ailleurs lié à la « chaleur » qu'il engendrait chez de nombreuses personnes. Ne dit-on pas « avoir un cœur d'artichaut » ? Aucune preuve scientifique n'est cependant venue confirmer ces faits.

La pomme de terre

Ce tubercule contient en très petites quantités des alcaloïdes qui pourraient avoir un effet stimulant, néanmoins essentiellement concentrés dans les feuilles.

L'oignon

Il est aussi connu pour ses propriétés excitantes, à condition d'être consommé cru !

L'asperge

Un symbole phallique indéniable ! Les Grecs déjà lui prêtaient des vertus aphrodisiaques. D'ailleurs, l'asperge fut interdite de séjour au XIXe siècle dans les pensionnats de jeunes filles par les religieuses qui la soupçonnaient d'exciter l'imagination et les sens de ces demoiselles...

Les herbes

Nombreuses furent les herbes et les épices qui vinrent mijoter dans la marmite, comme la livèche. Dans les campagnes françaises, la sorcière du village composait une poudre de badinage avec de la marjolaine, de la verveine, du thym et des fleurs de myrte. Poudre que les hommes achetaient à prix d'or ! Il paraît en effet que la belle de leurs rêves n'avait qu'à la respirer pour ressentir aussitôt une chaleur diffuse dans tout son corps, si bien qu'elle acceptait de danser dans les bras du prétendant avec, pour seul vêtement, sa chemise.

Un brin d'imagination...

Pour finir, sachez que le seul fait de dire ou de supposer qu'une substance est aphrodisiaque peut suffire à la rendre telle. Les pouvoirs de l'imaginaire et de la conviction sont puissants ! Des centaines d'études sur l'effet placebo l'ont prouvé. On en démultipliera les effets en saupoudrant ces rites courtois de quelques pincées d'écoute et de psychologie...

LA LÉGENDE DU BOIS BANDÉ

Ce terme évocateur de l'érection désigne l'écorce d'un arbre des Caraïbes. Ses tannins ainsi qu'un principe actif non identifié pour le moment lui confèrent un pouvoir aphrodisiaque. Avant de le servir, vous pouvez, comme les Antillais, faire macérer son écorce dans du rhum pendant environ 1 semaine. De nombreux fans jurent que ça marche...

7 ruses de paresseuse pour le séduire impitoyablement

1. Glissez-lui, mine de rien...

« Tu y crois, toi, aux aphrodisiaques ? » ou « Tu te souviens du gingembre ? », ou encore « Tu crois que ça marche aussi avec le curry ? ». Juste histoire de l'attiser un peu !

2. Tamisez l'ambiance

Ajoutez une lampe avec ampoule colorée. La lumière est plus douce, plus flatteuse, en particulier les couleurs chaudes (rose, orange, rouge) qui donnent bonne mine.

3. Posez négligemment sur la table basse...

... un bouquin de superbes photos érotiques ou *Le Kama-sutra des paresseuses* (à planquer quand les enfants rôdent).

4. Laissez planer le doute

Un joli bouquet de fleurs ? S'il vous demande d'où il vient, souriez mystérieusement.

5. Portez un pull…

… qui dégage bien vos épaules, et surtout sans soutien-gorge !

6. Misez sur un pantalon de jogging…

… À condition qu'il descende bien bas sur la cambrure de vos reins, que vous n'ayez rien dessous et que cela se voie !

7. Prenez-le par surprise…

Surprenez-le avec un tatouage provisoire sur la peau douce de votre dos ou une virginale culotte en coton blanc au lieu de la très attendue guêpière !

DANS LA TÊTE D'UNE FEMME

Bien que différents en général, 8 % des rêves érotiques sont communs aux hommes et aux femmes. Selon une étude de l'université de Montréal, madame rêve plus de célébrités que monsieur. Les participantes de l'étude ont même déclaré rêver qu'elles faisaient l'amour avec des acteurs comme Brad Pitt ou George Clooney, des hommes politiques (on ne dit pas lesquels) ou encore des stars du rock comme Bono. Et elles étaient deux fois moins nombreuses que les hommes à rêver de leurs amours passés ou présents.

20 plats tout feu tout flamme

Pour ne faire qu'une bouchée de votre chéri, aiguisez-lui les sens avec un menu aphrodisiaque. Et pour ce faire, initiez-vous à la magie des herbes, épices et autres denrées précieuses réputées réveiller les flammes du désir ! « Dieu a fait l'aliment, le diable l'assaisonnement. » (*Ulysse*, James Joyce.)

1. Crevettes au gingembre sur lit blanc

Pour 2 personnes

- 2 petites tasses de riz
- 1 c. à soupe d'huile de tournesol
- 1 blanc de poulet
- 1 tranche de jambon cuit émincé
- 3, 4 champignons parfumés chinois émincés
- 1 poignée de petites crevettes roses décortiquées
- 1/4 de chou chinois émincé finement
- 2 c. à soupe de vin blanc sec
- 1 œuf battu
- 2 pincées de gingembre en poudre
- Fleur de sel, poivre du moulin

1. Mettez de l'eau à chauffer et faites cuire le riz selon les indications portées sur le paquet.
2. Dans un wok, faites revenir dans un peu d'huile le poulet, le jambon, les champignons, les crevettes et le chou. Battez l'œuf avec le vin blanc et versez le résultat obtenu dans le mélange. Saupoudrez de gingembre.
3. Quand le riz est cuit, versez-le dans le wok, salez, poivrez et laissez mijoter à feu doux pendant 20 min. Servez chaud.

Le petit plus érotique de la paresseuse

En matière érotique, le gingembre a fait ses preuves : on le disait capable de fortifier les parties vitales et d'exciter la semence. On lui reconnaît aujourd'hui une action vasodilatatrice sur les organes du petit bassin, prometteur !

2. Cailles galantes au gingembre et à l'estragon

Pour 2 personnes

- 4 petites échalotes
- 2 cm de gingembre frais
- 2 belles cailles
- 1 c. à soupe d'huile d'olive
- 2 c. à soupe de sauce soja
- 1 tasse de bouillon de poule
- Quelques feuilles de sauge
- Fleur de sel, poivre du moulin

1. Épluchez les échalotes et coupez-les en 2. Épluchez le gingembre et détaillez-le en fines lamelles.
2. Faites revenir les cailles de tous les côtés dans une sauteuse contenant l'huile d'olive chaude. Lorsqu'elles sont bien dorées, égouttez-les et jetez l'huile.
3. Remettez ensuite les cailles dans la sauteuse puis ajoutez les échalotes, les lamelles de gingembre, la sauce soja et le bouillon de poule.
4. Ajoutez la sauge coupée et faites cuire à feu doux pendant 20 minutes, salez et poivrez. Dégustez lentement !

Le petit plus érotique de la paresseuse

En 1944, des études scientifiques ont démontré que ce coquin de gingembre contenait notamment une substance échauffante appelée « gingérol ». Les bouffées de chaleur ne sont donc pas toujours dues à l'effet bœuf que Jules provoque en vous. Le pauvre !

3. Lotte en nuisette au cumin et à l'anis

Pour 2 personnes

- 1 petite courgette
- 2 petites carottes
- 2 petits navets
- 20 g de beurre
- 2 morceaux de lotte sans la peau
- Le jus de 1 citron
- 2 pincées de cumin en poudre
- 2 c. à soupe de beurre
- 2 anis étoilés (badiane)
- Quelques brins de cerfeuil
- Fleur de sel, poivre du moulin

1. Préchauffez le four à 180 °C. Lavez et émincez la courgette en lamelles. Pelez les carottes et les navets, coupez-les en grosse julienne.
2. Coupez 2 grands carrés de papier sulfurisé et beurrez-les. Déposez sur chaque carré un morceau de lotte et la moitié des carottes, courgettes et navets. Arrosez de jus de citron. Ajoutez le cumin en poudre, les anis étoilés, quelques brins de cerfeuil, 1 noisette de beurre, salez et poivrez.
3. Fermez les papillotes et mettez-les au four. Laissez-les cuire pendant 20 min environ. Servez tel quel ou avec du riz créole.

Le petit plus érotique de la paresseuse

Très prisé des peuples du Moyen-Orient, le cumin était utilisé en Europe, au Moyen Âge, pour rendre les amoureux fidèles et empêcher les poules de s'égarer... C'est peu dire !

4. Poulet prometteur au paprika et aux amandes

Pour 2 personnes

- 1 poignée d'amandes effilées
- 20 g de beurre
- 2 blancs de poulet de 150 g environ
- 1 c. à soupe d'huile d'olive
- 1 verre de vin blanc
- 2 oranges
- 2 c. à soupe de paprika
- Fleur de sel, poivre du moulin

1. Faites dorer les amandes dans le beurre fondu et réservez. Salez et poivrez les morceaux de poulet, et saupoudrez-les de paprika.
2. Faites dorer les blancs de poulet dans l'huile d'olive, ajoutez le vin blanc, puis couvrez et laissez cuire durant environ 20 min jusqu'à ce que la chair soit tendre.
3. Pendant ce temps, pressez 1 orange et découpez l'autre en quartiers. Portez à ébullition le jus et les quartiers d'orange, et laissez bouillir pendant 2 min.
4. Disposez les morceaux de poulet sur un plat et versez la sauce dessus. Saupoudrez d'amandes et servez aussitôt.

Le petit plus érotique de la paresseuse

Le paprika a une solide réputation d'aphrodisiaque et pour cause : tout comme le poivre ou le piment, c'est une épice « brûlante » qui dilate les vaisseaux sanguins. On rougit violemment lorsqu'on avale un mets très pimenté et l'on éprouve une sensation de chaleur. La région pelvienne, partie du corps où sont situés les organes sexuels, bénéficierait aussi de cette dilatation... Affaire à suivre...

5. Colin coquin aux amandes, coco et curry

Pour 2 personnes

- 1 carotte
- 1 petite courgette
- 2 pavés de colin de 150 g chacun
- 1 c. à soupe d'huile d'olive
- 1 c. à café de curry
- 1 grand verre de lait de coco
- 2 c. à soupe d'amandes effilées
- Fleur de sel, poivre du moulin

1. Pelez, lavez et coupez la carotte et la courgette en bâtonnets.
2. Dans une sauteuse, faites revenir les morceaux de colin avec un peu d'huile d'olive. Saupoudrez de curry et laissez mijoter quelques minutes. Ajoutez le lait de coco et les légumes. Assaisonnez et faites cuire pendant 15 min à feu moyen.
3. Dans une poêle, faites dorer les amandes sans matière grasse. Ajoutez-les dans votre plat au moment de servir.

Le petit plus érotique de la paresseuse

Attention, chaud devant ! Le curry est un mélange de cumin, cardamome, curcuma, clou de girofle, poivre et autre muscade... Un cocktail explosif qui a de quoi réveiller les libidos les plus paresseuses !

6. Cassolettes attrayantes de langoustines et de champignons sauvages

Pour 2 personnes

- 200 g de champignons (variété au choix)
- 16 langoustines (fraîches ou surgelées)
- 20 g de beurre
- 25 cl de crème fraîche
- Quelques feuilles de persil plat
- Fleur de sel, poivre du moulin

1. Lavez et épongez les champignons, égouttez-les bien et coupez-les en grosses lamelles.
2. Décortiquez à cru les langoustines si elles sont fraîches. Mettez le beurre à chauffer dans une poêle et faites-y cuire les langoustines de 7 à 8 min en les retournant régulièrement, puis réservez-les.
3. Faites revenir les champignons pendant 10 min dans la même poêle. Ajoutez la crème, salez, poivrez, rajoutez les langoustines et donnez un bouillon.
4. Répartissez les langoustines et les champignons dans 2 cassolettes, et arrosez celles-ci de sauce. Terminez en décorant avec des feuilles de persil plat et servez bien chaud.

Le petit plus érotique de la paresseuse

Comme avec les hommes, vous n'avez que l'embarras du choix puisqu'il existe environ 50 000 espèces de champignons, dont une vingtaine sont comestibles. Pour la petite histoire, et d'après la recette d'une potion aphrodisiaque, pour parvenir à vos fins il vous faudra faire bouillir de l'eau de source contenant un crapaud et quelques champignons !

7. Carpaccio de lotte friponne mariné au piment

Pour 2 personnes

- 1 morceau de lotte de 300 g environ
- 1 petit piment rouge
- Le jus de 1 citron
- 1 c. à soupe d'huile d'olive
- 1 c. à café de piment doux
- 100 g de mesclun
- 4 tartines de pain grillées
- Fleur de sel

1. Coupez la lotte en tranches très fines. Lavez et épépinez le piment. Mélangez vigoureusement le jus de citron et l'huile d'olive.
2. Répartissez les lamelles de lotte dans un plat creux. Arrosez-les avec le mélange de citron et d'huile d'olive, puis saupoudrez du piment doux. Parsemez de la fleur de sel et ajoutez le piment rouge coupé fin. Couvrez d'un film alimentaire et placez au frais pendant 1 à 2 h.
3. Servez votre carpaccio sur une salade de mesclun avec de fines tartines de pain grillées.

Le petit plus érotique de la paresseuse

Le piment est l'un des condiments qui possède les plus grandes facultés vasodilatatrices et stimulantes pour le système nerveux. Mais il est à consommer avec modération si vous ne voulez pas trop malmener l'appareil digestif de Jules. C'est sûr, c'est moins glam !

8. Pierrade aguichante de lapin au gingembre et citron vert

Pour 2 personnes

- 1 morceau de gingembre frais de 2 cm
- Le jus de 1 citron vert
- 300 g de râble de lapin
- 2 tomates
- Quelques brins de ciboulette ciselés
- 2 c. à soupe d'huile d'olive
- Fleur de sel, poivre du moulin

1. Pelez le gingembre, coupez-le grossièrement et passez-le au mixeur avec le jus du citron vert.
2. Coupez les morceaux de lapin en tranches, placez-les dans un plat, ajoutez le mélange de citron et de gingembre et réservez au congélateur durant 1 heure en prenant soin de tout recouvrir avec du film alimentaire.
3. Pendant ce temps détaillez les tomates en petits dés. Salez et poivrez. Ajoutez la ciboulette et 1 c. à soupe d'huile d'olive. Mélangez et disposez le résultat dans les assiettes.
4. Égouttez la viande. Ajoutez 1 c. à soupe d'huile d'olive dans votre marinade pour en faire une sauce. Salez et poivrez.
5. Faites chauffer votre pierrade et mettez la viande à cuire durant 1 min sur chaque face. Servez avec un peu de sauce au gingembre et le tartare de tomates.

Le petit plus érotique de la paresseuse

Encore du gingembre ! Et pourquoi pas ? Après tout, vous êtes une femme libre et libérée ! Sachez qu'une racine de bonne qualité doit être tendre, avec un parfum fort et légèrement citronné, sans trace de décoloration.

9. Sauté d'agneau alléchant aux noix de cajou et à la menthe

Pour 2 personnes

- 30 g de noix de cajou
- 400 g de gigot d'agneau
- 1 c. à soupe d'huile
- 1 cm de gingembre frais
- 1 citron vert
- Quelques feuilles de menthe fraîche
- Fleur de sel, poivre du moulin

1. Faites revenir les noix de cajou à sec dans une poêle bien chaude sans les brûler, puis hachez-les grossièrement.
2. Après avoir découpé la viande en gros morceaux, faites-la revenir à la poêle dans de l'huile chaude durant 5 min à feu vif. Salez, poivrez, puis réservez au chaud.
3. Déglacez la poêle avec un peu d'eau. Ajoutez le gingembre râpé. Faites bouillir puis réduire presque à sec en raclant les sucs de viande attachés au fond de la poêle.
4. Remettez la viande dans la poêle. Tournez-la rapidement dans ce fond de cuisson, ajoutez le jus de citron vert (vous aurez réservé 2 tranches fines du fruit) et laissez cuire à feu doux pendant 15 min.
5. Parsemez votre plat de noix de cajou et de feuilles de menthe grossièrement hachées. Décorez avec des tranches de citron vert.

Le petit plus érotique de la paresseuse

Les Marocains mettent du gingembre dans presque tous leurs plats et il faut croire qu'ils savent ce qu'ils font ! Et puis, c'est un carminatif efficace qui aide à expulser les gaz intestinaux, réduit les flatulences, les ballonnements et les diarrhées chroniques, et stimule la production de bile – ce qui facilite la digestion. De quoi passer une nuit sereine dans les bras de Jules ! Inutile d'en mettre dans le cassoulet en revanche : à ce niveau, on ne pourrait plus rien faire pour vous !

10. Cari de bœuf paillard

Pour 2 personnes

- 400 g de ragoût de bœuf
- 1 gousse d'ail
- 1 morceau de gingembre frais de 1 cm
- 1 oignon
- 2 tomates
- 1 c. à soupe d'huile de tournesol
- 1 c. à café de safran
- Un peu de thym
- 1 verre de vin blanc
- Un peu de persil
- Fleur de sel, poivre du moulin

1. Coupez le bœuf en gros morceaux. Pelez l'ail et pilez-le avec le gingembre, salez, poivrez puis réservez. Pelez l'oignon et hachez-le, puis réservez. Lavez les tomates et découpez-les en petits morceaux. Réservez.
2. Mettez l'huile à chauffer et faites revenir la viande. Ajoutez les oignons et laissez-les dorer. Ajoutez le mélange ail-gingembre, puis le safran, le thym et les dés de tomates. Laissez cuire durant 10 min. Mouillez avec 1 verre de vin blanc, assaisonnez et couvrez. Laissez mijoter à petit feu pendant environ 1 h.
3. Quand c'est prêt, parsemez du persil haché. Vous pouvez préparer ce plat la veille et le réchauffer au dernier moment.

Le petit plus érotique de la paresseuse

Si, si, l'ail a des atouts : dans la Grèce antique, les prêtresses des temples l'utilisaient pour préparer leurs philtres d'amour. Et les athlètes grecs s'en gavaient pour renforcer leurs muscles, même s'ils l'appelaient « rose puante »... Bref, ce soir, dites-le avec des fleurs. Un seul impératif : à consommer en duo...

11. Poulet des mille et une nuits

Pour 2 personnes

- 1 c. à café de gingembre en poudre
- 1 gousse d'ail
- 1 oignon émincé
- 2 cuisses de poulet bien dodues
- 2 c. à soupe d'huile d'olive
- 1 pot de yaourt nature
- 1 c. à thé de garam masala
- 1 c. à café de curcuma
- Quelques graines de coriandre broyées
- 1 pincée de cardamome
- 1 bouquet de coriandre
- Sel, poivre noir

1. Broyez le gingembre et l'ail pour en faire une pâte. Faites revenir l'oignon dans une poêle avec un peu d'huile et ajoutez la pâte de gingembre et d'ail. Salez, poivrez, puis laissez mijoter pendant 5 min.
2. Faites dorer les cuisses de poulet dans une poêle à part, puis mettez-les dans la sauce réalisée précédemment, en ajoutant 1 grand verre d'eau chaude. Couvrez et laissez cuire pendant 30 min.

3. Retirez les morceaux de poulet de la poêle et réservez-les dans un plat de service.
4. Incorporez à la sauce le yaourt, le garam masala, le curcuma, la coriandre, la cardamome, puis portez la sauce à ébullition en la tournant constamment.
5. Nappez le poulet de cette sauce, saupoudrez de la coriandre fraîche hachée et savourez !

BON PLAN DE PARESSEUSE

Pour éliminer l'odeur de l'oignon sur vos doigts, frottez-vous les mains avec du persil frais.

Le petit plus érotique de la paresseuse

La coriandre contient un phyto-œstrogène, d'où sa réputation d'aphrodisiaque. D'ailleurs, elle est mentionnée dans le recueil de contes *Les Mille et Une Nuits*. Au Moyen Âge, elle servait aussi bien à éloigner les puces (!) qu'à concocter des philtres d'amour. En prime, elle rafraîchit l'haleine, car on ne sait jamais… Petite astuce : pour concasser facilement les graines de coriandre et en exhaler tout le parfum, placez-les quelques minutes dans un four bien chaud.

12. Carpaccio lascif aux deux thons et à l'huile safranée

Pour 2 personnes

- 1 filet de thon rouge de 150 g
- 1 filet de thon blanc de 150 g
- 2 c. à soupe d'huile d'olive
- Le jus de 1 citron vert

- 2 pistils de safran
- 30 g de tapenade en pot
- Quelques feuilles de basilic frais hachées
- Fleur de sel, poivre du moulin

1. Enveloppez les filets de thon séparément dans du film alimentaire ou un sachet et entreposez-les durant 15 min au congélateur pour qu'ils durcissent.
2. Réalisez une sauce en mélangeant les 2 c. à soupe d'huile d'olive, le jus de citron vert et les pistils de safran. Salez, poivrez et fouettez vivement.
3. Répartissez la tapenade en fine couche sur 2 assiettes. Sortez les filets de thon du congélateur et découpez-les en tranches fines. Disposez-les dans les assiettes en intercalant les couleurs (thon blanc et thon rouge). Salez, poivrez et versez la sauce sur le carpaccio.
4. Parsemez du basilic et laissez mariner pendant 10 min au réfrigérateur avant de servir.

Le petit plus érotique de la paresseuse

La couleur rouge du safran lui donnait, dans l'Antiquité, une signification érotique. Les Chinois l'utilisaient comme stimulant sexuel, les Mésopotamiens comme aphrodisiaque, les Romains jetaient de la poussière de safran sur le lit nuptial des jeunes mariés pour que l'union soit fertile et les Phéniciens teignaient les draps que les jeunes mariés utilisaient pour leur nuit de noces. Si avec tout ça, vous n'êtes pas convaincue de son efficacité !...

13. Noix de Saint-Jacques sur lit de poireaux voluptueux au safran

Pour 2 personnes

- 1 petit poireau
- 40 g de beurre

- 6 noix de Saint-Jacques avec corail
- 4 c. à soupe de crème fraîche
- 2 pincées de safran en poudre
- Un peu de coriandre fraîche
- Fleur de sel, poivre du moulin

1. Retirez le vert de votre poireau et découpez le tronçon blanc en 2 sur toute sa longueur. Rincez-le pour en retirer toute trace de terre. Recoupez chaque longueur en 2.
2. Placez les morceaux de poireau dans une sauteuse avec 30 g de beurre. Laissez fondre doucement puis couvrez pendant 10 min. Surveillez attentivement, car les poireaux ne doivent pas brûler ou caraméliser, mais juste fondre. Réservez.
3. Juste avant de servir, passez les noix de Saint-Jacques sous l'eau et épongez-les bien, puis saisissez-les pendant 3 min de chaque côté dans une poêle à peine beurrée.
4. Versez la crème et laissez réduire durant quelques minutes. Ajoutez une petite dose de safran, un peu de poivre et de fleur de sel. Mélangez bien.
5. Dressez vos assiettes en disposant au centre un lit de poireaux fondus. Déposez 3 noix dans chaque assiette.
6. Saupoudrez le bord des assiettes avec un peu de poudre de safran. Garnissez avec quelques feuilles de coriandre. Servez aussitôt.

Le petit plus érotique de la paresseuse

La coquille Saint-Jacques peut être hermaphrodite. C'est le cas si son corail est à la fois orange et jaune. En revanche, si le corail est jaune, c'est un mâle ; s'il est orange, c'est une femelle.

14. Pintade pimpante au lait de coco et aux noix de muscade

Pour 2 personnes

- 2 beaux morceaux de pintade (ou 1 petite pintade)
- 100 g de champignons de Paris
- 20 g de beurre
- Le jus de 1 citron
- 4 c. à soupe de lait de coco
- 1 pincée de noix de muscade râpée
- 1 c. à soupe de fécule de pomme de terre
- 25 cl de crème fraîche
- 1 petit bouquet d'estragon haché
- Fleur de sel, poivre du moulin

1. Préchauffez le four à 180 °C. Retirez la peau de la pintade. Lavez, égouttez et hachez les champignons.
2. Dans une cocotte, mettez le beurre à chauffer et faites revenir les morceaux de pintade à feu moyen durant 10 à 12 min, puis ajoutez le jus de citron, le lait de coco et la noix de muscade. Couvrez et mettez la cocotte au four pendant 1 h.
3. 15 min avant la fin de la cuisson, versez dans la cocotte la fécule délayée dans la crème fraîche.
4. Salez, poivrez. Parsemez de l'estragon haché au moment de servir.

La garniture idéale pour ce plat est du riz créole auquel vous aurez ajouté, éventuellement, des noix de pécan.

Le petit plus érotique de la paresseuse

Aphrodisiaque ou pas, n'empêche, de la noix au rêve, il n'y a qu'un pas. La muscade a longtemps été la matière première la plus chère de la planète, après l'or et l'argent ! Dans l'Europe du Moyen Âge et de la Renaissance, de la cour du roi aux modestes auberges, la possession d'une simple noix permettait de marquer son rang. Loin de la dissimuler, les plus fortunés la disposaient dans une petite boîte en argent qu'ils gardaient sur eux, et dans laquelle logeait déjà une mini-râpe.

15. Filet mignon charnel au gingembre et aux écorces de citron vert

Pour 2 personnes

- 1 filet mignon de porc de 300 g environ
- 1 c. à soupe d'huile d'olive
- 1 morceau de gingembre frais de 1 cm
- 2 c. à soupe de miel liquide
- Les zestes et le jus de 1 citron vert
- Quelques feuilles de coriandre fraîche
- 1 verre de vin blanc
- Fleur de sel, poivre du moulin

1. Découpez le filet en tranches épaisses. Faites revenir celles-ci durant quelques minutes sur les 2 faces dans l'huile d'olive.
2. Pendant ce temps, passez le gingembre épluché au presse-ail.
3. Rajoutez à la viande le miel, les zestes de citron, le gingembre, le jus du citron et le vin blanc. Faites cuire pendant 20 min à feu doux en retournant à mi-cuisson. Rajoutez un peu d'eau si besoin est en cours de cuisson.
4. Salez, poivrez. Ajoutez quelques feuilles de coriandre avant de servir.

Le petit plus érotique de la paresseuse

Pas folle la guêpe ! Le miel était autrefois prescrit aux nouveaux mariés comme aphrodisiaque pour leur assurer une lune de miel des plus coquines. Il était déjà conseillé par Hippocrate pour stimuler l'énergie sexuelle, et au Walhalla, le paradis des guerriers Vikings, les Walkyries abreuvaient d'hydromel les nouveaux arrivants... à leurs risques et périls !

16. Pintade gaillarde aux fruits d'automne

Pour 2 personnes

- 1 petite pintade
- 40 g de beurre
- 1 oignon émincé
- 1 feuille de laurier
- 1 pincée de noix de muscade
- 1 pincée de cannelle
- 1/2 bouteille de cidre brut
- 2 pommes
- 1 poignée d'abricots secs coupés en 2
- 1 poignée d'airelles séchées
- 1 poignée de cerneaux de noix
- Fleur de sel, poivre du moulin

1. Dans une cocotte, faites revenir la pintade salée et poivrée dans 20 g de beurre sur toutes ses faces pendant environ 10 min. Retirez-la de la cocotte et faites dorer l'oignon émincé dans le jus de cuisson.
2. Replacez la pintade dans la cocotte et ajoutez le laurier, la muscade et la cannelle. Arrosez avec 1/4 de cidre, couvrez et laissez mijoter à feu doux pendant 30 min.
3. Épluchez et coupez les pommes en grosses lamelles. Faites-les revenir à la poêle dans du beurre jusqu'à ce qu'elles soient bien dorées.

4. Déposez les pommes, les abricots secs et les airelles autour de la pintade et arrosez avec le reste de cidre. Laissez cuire de nouveau de 30 à 35 min à feu doux.
5. Concassez grossièrement les cerneaux de noix et répartissez-les sur la pintade au moment de servir.

Le petit plus érotique de la paresseuse

Mais que peut bien venir faire l'abricot, ce fruit si fragile, au rayon de l'érotisme culinaire ? Eh bien, dans ses confidences, Robert Courtine avouait avoir rencontré une danseuse orientale qui le régalait après l'amour d'une soupe revigorante aux abricots, dans l'espoir qu'il remettrait très vite le couvert ! Le chroniqueur de gastronomie consciencieux qu'il était eut tôt fait d'en noter la recette.

17. Tajine de veau déluré aux oignons, miel et safran

Pour 2 personnes

- 2 c. à soupe d'huile d'olive
- 400 g de veau à braiser (un mélange de flanchets, d'épaule et de tendrons)
- 1 gros oignon pelé et émincé
- 1 pincée de cannelle en poudre
- 1 c. à café de gingembre en poudre
- 2 pistils de safran ou 1 pincée de safran en poudre
- 1 c. à soupe de sucre en poudre
- 1 c. à soupe de miel
- 1/2 citron
- Fleur de sel, poivre du moulin

1. Dans une cocotte, faites dorer la viande avec un peu d'huile.
2. Ajoutez l'oignon, les épices, le sucre et le miel. Laissez cuire durant 10 min.
3. Versez de l'eau tiède à mi-hauteur, salez et poivrez. Couvrez et laissez mijoter pendant 45 min sur feu très doux. Environ 10 min avant la fin de la cuisson, retirez le couvercle pour que la sauce se réduise légèrement.
4. Servez avec des quartiers de citron, ainsi que des courgettes et du couscous en guise d'accompagnement.

Le petit plus érotique de la paresseuse

L'oignon n'a pas une énorme réputation comme aphrodisiaque. N'empêche, il était déjà cultivé, il y a 6 000 ans, par les Sumériens, les Chaldéens et les Égyptiens pour donner courage et force aux guerriers… L'histoire ne dit pas quel genre…

18. Risotto gigolo aux crevettes et au curry

Pour 2 personnes

- 1 brique de fumet de poisson
- 1 verre de vin blanc
- 1 échalote hachée
- 30 g de beurre
- 1 c. à soupe d'huile d'olive
- 100 g de riz *arborio*
- 200 g de grosses crevettes roses décortiquées
- 1 c. à café de curry
- 100 g de parmesan râpé
- Fleur de sel, poivre du moulin

1. Faites chauffer 1 litre de fumet de poisson et ajoutez-y le vin blanc.

2. Faites revenir l'échalote dans l'huile et 10 g de beurre. Ajoutez le riz. Remuez jusqu'à ce qu'il soit translucide. Salez (pas trop à cause du parmesan), poivrez, ajoutez une louche de fumet et remuez bien. Quand tout est absorbé, recommencez l'opération et procédez ainsi jusqu'à ce que le riz soit cuit. Comptez environ 20 min.
3. Mettez 20 g de beurre à fondre puis faites revenir les crevettes et le curry durant 5 min. Quand le riz est prêt, c'est-à-dire pas trop cuit, ajoutez le parmesan râpé, puis les crevettes, et servez bien chaud.

Le petit plus érotique de la paresseuse

Le *kari* (ou curry) est un mélange d'épices troublantes, d'origine indienne, qui varie selon les régions et les usages. Il en existe 2 000 sortes... à manier avec précaution !

19. Blanquette sexy de lotte safranée

Pour 2 personnes

- 1 brique de fumet de poisson
- 1 queue de lotte (à faire préparer par votre poissonnier)
- 100 g de champignons de Paris
- Le jus de 1/2 citron
- 25 cl de crème fraîche
- 2 pistils de safran (ou à défaut du safran en poudre)
- 1 c. à café de Maïzena
- Fleur de sel, poivre du moulin

1. Faites chauffer 2 louches de fumet dans une casserole et mettez-y les tronçons de lotte à cuire à feu doux pendant 10 min.

2. Égouttez la lotte et réservez-la au frais sous un film en plastique perforé. Gardez le jus de cuisson.
3. Lavez les champignons de Paris et coupez-les en 4. Citronnez-les. Faites-les cuire dans 1/2 louche de fumet pendant 5 min. Égouttez les champignons, réservez-les et gardez le jus de cuisson.
4. Mélangez le jus de cuisson des champignons au jus de cuisson de la lotte. Ajoutez la crème fraîche au jus et le safran. Portez à ébullition et laissez réduire.
5. Pour lier la sauce, ajoutez 1 c. à café de Maïzena diluée dans 1 c. à soupe de fumet de poisson. Portez de nouveau à ébullition et fouettez un peu pour que le mélange soit mousseux. Ajoutez les tronçons de lotte et les champignons, puis faites-les réchauffer pendant quelques minutes. Salez, poivrez. Servez aussitôt avec une timbale de riz.

Le petit plus érotique de la paresseuse

Les fleurs violettes de crocus sont surmontées de stigmates jaune orangé qui ne sont autres que le safran tel que vous le connaissez. Il faut 100 000 fleurs pour obtenir 5 kg de stigmates qui, une fois séchés, ne donneront que 1 kg de poudre. 1 ha cultivé pendant 2 ans ne produira pas plus de 50 kg de safran – ce qui explique son prix élevé. Mais, la fin justifie les moyens, puisque le safran aurait le pouvoir de libérer l'énergie, l'allégresse et… le désir !

20. Filet mignon égrillard de porc aux figues et au miel

Pour 2 personnes

- 1 filet mignon de 250 g
- 2 tranches fines de lard fumé
- 6 figues fraîches

- 2 c. à soupe de miel liquide
- 1 branche de romarin
- 1 verre de vin blanc
- Fleur de sel, poivre du moulin

1. Préchauffez le four à 180 °C. Enveloppez le filet mignon avec les tranches de lard. Faites tenir le tout à l'aide de petites piques en bois et mettez l'ensemble dans un plat à four.
2. Nettoyez les figues et coupez-les en 2 ou en 4 suivant leur taille, puis disposez-les autour du rôti. Arrosez-les avec le miel, salez, poivrez et posez la branche de romarin par-dessus.
3. Arrosez avec le vin blanc et enfournez pour 40 min. Arrosez régulièrement pendant la cuisson.

Le petit plus érotique de la paresseuse

La figue est le fruit le plus érotique de tous, à cause de sa ressemblance avec l'organe sexuel féminin. Du coup, le fruit est traditionnellement considéré comme un bon dopant amoureux.

10 philtres d'amour pour faire tomber Jules en pâmoison

Vous voulez jouer l'apprentie magicienne et réaliser des potions d'amour dignes du philtre qui jeta Tristan et Iseult dans une passion brûlante ? Voici quelques recettes qui enivreront peut-être votre chéri ou, à défaut, précéderont ou suivront votre dîner pour un instant magique ! Certaines sont à préparer longtemps à l'avance, alors prévoyez le coup !

1. Élixir à l'ananas et au gingembre

À boire un soir d'été sous la tonnelle.

Pour 2 personnes

- 1 morceau de racine de gingembre frais de 1 cm
- 2 verres de jus d'ananas
- 1 c. à soupe de sucre en poudre
- Quelques feuilles de menthe

1. Lavez le gingembre et épluchez-le. Coupez-le en petits morceaux et pilez-le. Ajoutez un peu d'eau, puis passez le mélange dans une passoire pour l'égoutter.
2. Dans une carafe, mélangez le gingembre, le jus d'ananas, le sucre et les feuilles de menthe. Délayez la préparation avec un peu d'eau si nécessaire.

2. Philtre malaga

Pour lui fouetter le sang !

Pour 2 personnes

- 1/2 l de malaga (vin espagnol)
- 3 gousses de vanille
- Quelques racines de ginseng écrasées
- 20 g de rhubarbe tranchée
- Un peu de cannelle fraîchement râpée

Faites macérer tous les ingrédients pendant 15 jours en brassant la préparation quotidiennement… C'est tout et c'est délicieux !

3. Élixir vitaminé

Histoire de lui redonner du tonus.

Pour 2 personnes

- 1 morceau de gingembre frais de 2 cm
- 1 verre de jus d'orange
- Le jus de 1 citron
- Le jus de 1 citron vert
- 1 verre de nectar de banane
- 1 c. à soupe de sucre roux
- 1 gousse de vanille fendue en 2 et grattée
- 1 sachet de sucre vanillé

1. Épluchez et coupez le gingembre en petits morceaux, puis faites bouillir ceux-ci durant quelques minutes pour les ramollir. Réduisez-les en purée, et passez celle-ci au chinois pour n'en récupérer que la pulpe.
2. Mélangez les jus de fruits et les sucres dans un saladier. Incorporez le gingembre et la vanille.
3. Laissez reposer au frais toute la nuit. Filtrez la préparation avant de la servir.

4. Philtre d'Aphrodite

Pour le prendre par la douceur... en toute traîtrise !

Pour 2 personnes

- 250 g de framboises
- 30 cl de champagne
- 5 gouttes d'eau de rose

1. Passez les framboises au mixeur et filtrez le résultat pour en extraire le jus.
2. Dans une très belle coupe, versez le champagne, puis incorporez le jus de framboise.
3. Ajoutez les 5 gouttes d'eau de rose.

5. Philtre Folamour

Rien de tel pour lui faire tourner la tête !

Pour 1 litre de potion

- 1 l de vin rouge de Bourgogne
- 1 pincée de cannelle en poudre
- 1 pincée de gingembre en poudre
- Les grains de 1/2 gousse de vanille
- 2 c. à café de sucre en poudre

1. Mélangez tous les ingrédients.
2. Remuez bien la préparation et laissez-la reposer pendant une dizaine de jours.
3. Filtrez la préparation et mettez-la en flacon.

6. Philtre au cognac, à la cannelle et au gingembre

À boire à la fin du dîner pour stimuler votre désir et le sien.

Pour 2 personnes

- 1 bâtonnet de cannelle
- 1 bonne pincée de gingembre râpé
- 1 gousse de vanille
- 1/2 l de vin blanc
- 1 verre de cognac
- 1 pincée de noix de muscade râpée
- 2 c. à soupe de sirop de sucre

1. Laissez macérer la cannelle, le gingembre et la vanille dans le vin blanc durant 48 h, puis filtrez la préparation.

2. Dans un autre récipient, mélangez le cognac, la muscade et le sirop de sucre.
3. Rassemblez les 2 préparations ; battez, filtrez et laissez reposer le tout.

7. Philtre amoureux

Pour le transformer en fleur bleue avant d'avoir dit ouf !

Pour 2 personnes

- 1/3 de jus de citron
- 2/3 de rhum
- 1 c. à soupe de miel liquide
- Quelques feuilles de menthe (facultatif)

Secouez tous les ingrédients au shaker avec de la glace et servez frais avec quelques feuilles de menthe en guise de décoration.

8. Philtre d'antan

À lui servir comme digestif après votre repas amoureux.

Pour 2 personnes

- 2 verres d'une très bonne eau-de-vie de raisin
- 1 zeste d'orange
- 1 pincée de poudre de coriandre
- Quelques brins de menthe poivrée
- 2 brins de romarin

1. Versez l'eau-de-vie, le zeste d'orange et la coriandre dans un flacon. Laissez macérer pendant 4 jours.
2. Filtrez la préparation, reversez-la et ajoutez dans la bouteille les feuilles de menthe et le romarin.

9. Élixir satanique

Cet élixir fera des miracles comme reconstituant après vos ébats passionnés.

Pour 2 personnes

- 2 verres d'eau-de-vie de poire
- 1 c. à café de gingembre en poudre
- 1/2 c. à café de noix de muscade
- 1/2 c. à café de cannelle en poudre
- Le zeste et le jus de 1/2 pamplemousse rose

Laissez macérer pendant 1 nuit tous les ingrédients dans l'eau-de-vie. Filtrez la préparation et réservez-la au frais.

10. Philtre du dragon

À déguster par une nuit d'orage dans les bras musclés de Jules !

Pour 1 litre de potion

- 40 g de feuilles fraîches d'herbe du Dragon (juste de l'estragon !)
- 1 litre d'alcool à 45°
- 1 gousse de vanille
- Un peu de gingembre frais
- 250 g de sucre

1. Faites macérer tous les ingrédients ensemble pendant au moins 1 semaine dans un récipient fermé. Remuez-la tous les jours avec une cuillère en bois.
2. Filtrez la décoction et mettez-la en bouteille.

20 FAÇONS D'ÉPICER VOS AMOURS

1. Jouez les petites filles sages

C'est bien connu, les petites filles qui ont l'air sages sont souvent les plus démoniaques !

2. Dévoilez-vous

Laissez-lui voir quelque peu votre string, ou si vous portez une jupe, amusez-vous à croiser et à décroiser les jambes : il en aura la langue pendante !

3. Sortez le grand jeu

Selon vos moyens, réservez un week-end torride dans un Relais & Châteaux ou dans un gîte rural. Dépaysant !

4. Faites-le rêver

Ne révélez jamais tous vos petits secrets. Si vous avez pour habitude de vous promener en tenue d'Ève pour faire le ménage ou lire le journal, couvrez-vous ! Si vous banalisez votre corps, vous le désérotisez. Il n'y a rien de plus excitant que ce qui est suggéré !

5. Exprimez votre désir

« J'ai très envie de toi », voilà une phrase qui tue ! Un homme sait qu'il n'est pas forcément le plus beau, le plus intelligent, le plus riche, mais s'il se sait désiré, sa vie n'en est que plus belle !

6. Affirmez-lui qu'il vous rend heureuse

Le plus grand plaisir d'un homme, c'est que son amoureuse lui dise qu'il la rend heureuse. Et puis, rien de tel pour qu'il se sente viril à souhait, avec les conséquences que vous savez !

7. Flattez-le

C'est évident, l'homme a un ego surdimensionné. Donc, ne lésinez pas sur les compliments. Point trop n'en faut toutefois, cela commencerait à paraître louche : vous aurez toujours le temps de le faire descendre de son piédestal !

8. Tirez-lui les cartes

Juste pour cultiver le mystère. Tarots ou marc de café, faites comme si : un peu d'intuition et beaucoup de sous-entendus suffiront. Comme tous les mecs, il n'y croit pas. N'empêche, il demandera 3 ou 4 fois si vous êtes sûre que le Pendu, ce n'est pas un mauvais signe...

9. Passez votre langue...

... sur vos lèvres après quelques gorgées de vin, histoire de lui mettre l'eau à la bouche !

10. Riez aux éclats

Lâchez-vous, une fille qui rit est généreuse et s'abandonne plus facilement... Enfin, c'est ce qu'il croit !

11. Attachez vos cheveux négligemment

Un chignon qui passe son temps à se défaire donne l'impression que vous allez vous-même vous rendre très vite.

12. Soignez votre tenue d'intérieur...

Pourquoi avoir l'air d'une bombe au bureau, si c'est pour ne plus ressembler à rien à la maison ? Un joli caraco en soie n'est pas moins confortable qu'un vieux T-shirt moche et informe.

13. Séduisez-le avec votre voix

Quand il s'agit de baratiner, le ton est plus important que le contenu. Même si vous lui parlez de la pluie ou du beau temps, votre voix douce et sensuelle le rendra complètement gaga.

14. Haussez les sourcils

C'est un réflexe automatique lorsque l'on trouve une personne intéressante. Bonne accroche, les sourcils de l'autre personne répondent instantanément à ce mouvement.

15. Souriez avec les yeux

Bizarre ? Non, vous pouvez sourire avec les yeux, de la même manière qu'en téléphonant vous « entendez » le sourire de votre interlocuteur. Bon plan pour lui lancer « un regard qui tue » !

16. Bécotez-le

C'est prouvé scientifiquement : les glandes sébacées joueraient un rôle d'agent de liaison. Quand deux personnes échangent leurs sécrétions (au cours d'un baiser ou autre !), elles deviennent chimiquement accros l'une de l'autre !

17. Sexualisez vos gestes

Dévoilez une des parties les plus fines et les plus vulnérables de votre corps, comme l'intérieur de vos bras, et caressez-la négligemment avec le pied d'un verre, une serviette…

18. Mangez des champignons crus !

Il paraît que leur odeur déclenche le désir sexuel.

19. Érotisez votre odeur corporelle

Ne vous aspergez pas à gogo et renoncez surtout aux senteurs capiteuses et lourdes. Choisissez plutôt des fragrances subtilement citronnées. Il s'approchera pour vous humer et vous aurez tout gagné.

20. Captivez son regard…

… Avec une coiffure éclatante et des cheveux brillants. Un truc : après votre shampoing, rincez vos cheveux avec du blanc d'œuf battu.

chapitre 4

Comment l'envoûter sans vergogne

Hé ! Cupidon ! Tu vas les sortir, tes flèches ?

Question *sex'n'love*, la paresseuse doit se mettre au parfum. Un peu d'histoire et un brin d'étymologie ne lui nuiront point. Cupidon, du latin *cupido*, qui signifie « désir » (rien de moins), est dans la mythologie romaine, le dieu de l'Amour. Il a la même origine et la même histoire que le dieu grec de l'Amour Éros. Pour faire court, Cupidon naquit de Mars et de Vénus. Dès qu'il vit le jour, Jupiter, qui devina à sa physionomie tous les troubles qu'il causerait, voulut obliger Vénus à s'en défaire. Pour le dérober à la colère de Jupiter, elle le cacha dans les bois, où il suça le lait des bêtes féroces. Aussitôt qu'il put manier l'arc, il s'en fit un en frêne, employa le cyprès à faire des flèches, et essaya sur les animaux les coups qu'il destinait aux hommes.

Mais plus tard, l'amour frappa également à la porte de Cupidon. La légende dit qu'il tomba amoureux de Psyché et l'emmena dans un palais reculé où il lui rendait visite chaque nuit, sans qu'elle puisse le voir ou le reconnaître. Bien que Cupidon lui eût interdit de voir son visage, Psyché alluma une lampe une nuit pour le voir alors qu'il dormait. Cupidon l'abandonna alors, parce qu'elle lui avait désobéi (macho !), et Psyché se mit à errer misérablement à sa recherche, pour finalement le retrouver.

Malgré toutes ces mésaventures, qui montrent bien que l'amour est fait de hauts et de bas, Cupidon continue d'être l'un des principaux symboles de la Saint-Valentin. Il est représenté sous la forme d'un enfant nu, dodu et ailé, ayant souvent les yeux bandés et portant un arc et un carquois rempli de flèches… Des flèches que vous ne manquerez pas de lancer sur votre amoureux le jour J en lui préparant de bons petits plats pleins d'amour.

Ce que les astres disent de Lui

Histoire de mettre tous les atouts de votre côté, voici ce qui vous attend si votre cœur fait boum pour Monsieur et toutes les astuces pour le conquérir...

Bélier

Séduire un natif du Bélier n'a rien du défi impossible. Cet aventurier du cœur est toujours prêt à craquer – même quand il est déjà lié, il faut bien l'avouer. Tout d'abord, jouez la franchise sans faire appel à une subtilité qu'il ne comprendrait pas. Ensuite, prenez soin de bien vous entendre avec ses innombrables copains (dont l'opinion compte beaucoup à ses yeux), multipliez les initiatives, bref, ne le laissez pas souffler !

Taureau

Assez difficile à séduire le chéri ! Fidèle, il risque même de ne pas vous voir s'il est heureux en couple. Mais s'il est solitaire, vous avez toutes vos chances. Cependant, ne le bousculez pas ! Prenez le temps de l'apprivoiser en étant subtile et patiente. Mais, en même temps, n'hésitez pas à mettre en valeur votre sensualité. Partagez ses passions pour la musique, la bonne bouffe, la nature et la peinture. Enfin, quand il sera sous votre couette, déployez tous vos talents : les câlins rapides et mal expédiés le font fuir !

Gémeaux

Rien de plus facile, il suffit de respecter quelques règles de base pour l'intéresser. Tout d'abord, parlez, car pour lui tout commence par des mots. Mais attention, ne parlez pas que de vous, tout le passionne, de la politique au sport en passant par le cinéma ou la littérature. Et n'oubliez pas de rire, car celui-là a horreur de la dramatisation, de la tragédie et de la tristesse. Enfin, au lit, évitez de l'épuiser trop vite, cela lui donnerait des complexes !

Cancer

Ne jouez pas les allumeuses, ça le ferait fuir ! C'est l'âme et le cœur de votre chéri Cancer que vous devez toucher, avant d'en toucher le corps. Si vous aimez les enfants, les grandes maisons familiales, les traditions, vous êtes au diapason et pouvez, en douceur, l'attirer dans vos griffes.

Lion

Vous aimez les défis ? Bonne chance ! Accrochez-vous, soignez votre look, jouez la perfection jusqu'au bout des orteils, nettoyez à fond votre Twingo ou, mieux, cachez-la et louez une Mercedes. Prenez des cours de diction et apprenez par cœur le bottin mondain !

Vierge

Facile ! À condition de vous donner de la peine !!! Il vous faut faire preuve de patience et de subtilité, car le moindre faux pas, la moindre vulgarité, la moindre brusquerie peuvent gâcher des semaines d'efforts ! Mais si vous savez être prévenante, attentive et gentille, si vous vous intéressez vivement à lui, il mangera dans votre main !

Balance

Rien de plus facile que d'attirer l'attention d'un jules Balance, rien de plus difficile que de le retenir ! Il a toujours un œil qui traîne à la recherche de qui pourrait le séduire. Et cela arrive souvent : une tenue seyante, une attitude charmante et le voilà prêt à s'enthousiasmer ! C'est après que les choses se corsent. Car le personnage est très exigeant... Son credo est la beauté, et son idéal, la perfection. Certes, vous pouvez vous transformer en mannequin pendant quelques heures, mais rester parfaite éternellement...En revanche, s'il est vraiment amoureux de vous, c'est gagné !

Scorpion

Tout baigne si vous cherchez une aventure de très courte durée. Galère si vous espérez le garder. En effet, s'il dit rarement non, un vrai Scorpion s'engage tout aussi rarement. Il prend... et il laisse, sans états d'âme ! Alors oubliez les stratégies habituelles : il faut le surprendre, lui lancer un défi. Et entraînez-le au lit, car c'est là qu'il vous attend !

Sagittaire

Celui-là ne devrait pas vous demander trop d'efforts, même s'il est toujours entouré d'une bande de copains et de copines ! Donc, soyez toujours partante pour escalader les montagnes comme pour aller danser, pour partir en bateau comme pour dîner dans un restaurant chic. De plus, ne faites pas la fine bouche, car sa bonne santé le rend infatigable au lit. Sortez le grand jeu, vous ferez la grasse matinée le lendemain !

Capricorne

Un peu imprévisible, le Capricorne se tient prêt à vivre toutes les aventures qui s'offrent à lui tout en prônant la fidélité et le sérieux. Dans le doute, adoptez une attitude neutre, ne le bousculez pas trop, mais tentez votre chance sans avoir l'air d'hésiter.

Verseau

Difficile à conquérir ! Sous ses airs de libertin, votre idéaliste a en effet une très haute idée de l'amour. Méfiez-vous, il peut facilement se laisser entraîner dans une aventure, mais cela ne l'empêchera pas de revenir tranquillement le lendemain matin comme si rien ne s'était passé ! Jouez les indifférentes (si vous en avez la force et les nerfs). Piqué au jeu, étonné et intrigué, il n'aura de cesse de vouloir vous reconquérir.

Poissons

Là, il va falloir prendre les choses en mains. Timide et discret, le jules Poissons prend en effet très rarement l'initiative. Pire : distrait, il peut vous regarder lui tourner autour pendant 15 jours sans comprendre ce que vous lui voulez ! Résultat : si vous n'y allez pas franchement, il ne se passera rien. À vous de trouver comment être à la fois précise et subtile, concrète et raffinée... Mis en confiance, il sera tout de désir amoureux et de romance.

Saint-Valentin ou comment perdre la tête pour son amoureux

L'origine de cette fête demeure un mystère... Tout comme l'amour ! Le 14 février, c'est la Saint-Valentin, de même que chaque jour du calendrier catholique fête un saint. Et les saints sont toujours patrons de quelque chose... fort à propos, l'Église a fait de saint Valentin le patron des fiancés. C'est d'ailleurs une belle histoire, triste et romantique à souhait. En effet, le saint qui serait à l'origine de la fête des amoureux était à mille lieues de se douter qu'on perdrait la tête en son nom, lui qui avait été brutalement séparé de la sienne. Valentin était prêtre à Rome au IIIe siècle. L'époque

n'était pas propice aux sentiments : l'empereur Claude avait aboli le mariage qu'il estimait néfaste aux soldats, trop attachés à leur famille. Pendant ce temps, Valentin réglait les affaires de cœur et unissait les fiancés en cachette. Cela lui valut la prison. Il y rencontra la fille de son geôlier, une aveugle qu'il prit en amitié et à laquelle, par miracle, il rendit la vue. Juste avant de passer sous la hache du bourreau, le 14 février 270, il fit parvenir à la jeune fille des feuilles en forme de cœur portant cette inscription : « De ton Valentin. » Selon la légende, un amandier rose, symbole de l'amour éternel, a été planté sur sa tombe (sniff…).
Dans les pays anglo-saxons, le jour de la Saint-Valentin, la coutume veut que vous dévoiliez votre amour à votre Valentin(e), mais de manière anonyme. « *Be My Valentine* » est l'expression de rigueur. Dans les pays francophones, il s'agit plutôt de passer un moment agréable avec l'élu(e) de son cœur. Mais un bouquet de fleurs ou un petit cadeau sont souvent fort appréciés !

CROYANCES

Si, le 14 février, vous rencontrez un écureuil, méfiez-vous, vous risquez d'épouser un avare qui vous délestera de votre fortune. C'est du moins ce que l'on croyait au Moyen Âge. Comme on était sûr, aussi, qu'un moineau prédisait un mariage heureux et un rouge-gorge une union avec un marin. Donc, essayez de provoquer une rencontre avec l'animal qui répond à vos aspirations, on ne sait jamais !

Ich love you mucho… de A à Z

À l'heure de la globalisation, cela peut toujours servir de savoir dire « je t'aime » dans presque toutes les langues. La prononciation ? Oh, ça va ! Et puis quoi encore ? C'est déjà si beau de faire des efforts, quand on est une paresseuse…

- Albanais : *Te dashoroj*
- Allemand : *Ich liebe Dich*
- Anglais : *I love you*

- Arabe : *Ana hebbek*
- Basque : *Nere maïtea*
- Birman : *Chi pa de*
- Brésilien : *Eu te amo*
- Breton : *Da garout a ran*
- Bulgare : *Obicham te*
- Cambodgien : *Bon sro lanh oon*
- Catalan : *T'estimo*
- Cheyenne : *Nemehotates*
- Chinois : *Wo ay ni* / *Goa ai li* (dialecte amoy) / *Ngo oi ney* (dialecte cantonais) / *Ngai oi gnee* (dialecte hakka), etc.
- Cinghalais : *Mama oyata adarei*
- Coréen : *Dangsinul saranghee yo* / *Saranghee* / *Nanun dangsineul joa-hapnida*, etc.
- Créole antillais : *Men ainmainw*
- Croate : *Volim te*
- Danois : *Jeg elsker dig*
- Espagnol : *Te quiero* (ou *Te amo*)
- Finnois : *Rakastan sinua*
- Gallois : *Rwy'n dy garu di*
- Grec : *Eime eroteumos mazi sou*
- Hongrois : *Szeretlek*
- Islandais : *Eg elska thig*
- Italien : *Ti amo*
- Japonais : *Anata wo aishite-imasu*
- Kurde : *Ez te hezdikhem*
- Latin : *Te amo*
- Lituanien : *Tave myliu*
- Malais : *Saya cintamu*
- Mongol : *Be chamad hairtai*
- Néerlandais : *Ik hou van jou*
- Occitan : *T'aimi*

- Pakistanais (plus précisément, l'ourdou) : *Muje se mu habbat hai*
- Polonais : *Kocham ciebie*
- Portugais : *Eu amo-te*
- Roumain : *Te iubesc*
- Russe : *Ya lioubliou tiebia*
- Sanskrit : *Anugrag*
- Serbo-croate : *Volim te*
- Sioux : *Techihhila*
- Sri-lankais : *Mama oyata arderyi*
- Suédois : *Jag älskar dig*
- Tahitien : *Ua here vau la oe*
- Tamoul : *Naan unni kathilikaran*
- Tchèque : *Miluji te*
- Thaï : *Ch'an rak khun* (une femme à un homme) / *Phom rak khun* (un homme à une femme)
- Turc : *Seni seviyorum*
- Vietnamien : *Anh yêu em* (un homme à une femme) / *Em yêu anh* (une femme à un homme)
- Yiddish : *Ich libe dich / Ich han dich lib / Kh'hob dick lib / Kh'ob dikh holt / Ikh bin dir farlibt*
- Yougoslave : *Volim te*
- Zoulou : *Ngiyakuthanda*

7 ruses de paresseuse pour l'envoûter sans merci

1. Ne lésinez pas

Quoi de mieux qu'un petit repas érotique, au coin du feu (encore faut-il en avoir un), en habit d'Adam et d'Ève sur un tapis moelleux ?

2. Réalisez un de ses fantasmes

Il aime les strip-teases ? Prenez des cours ou inventez une petite démo perso pour le rendre fou de désir !

3. Offrez-lui un bijou

Faites graver vos sentiments ou ses initiales sous le bijou.

4. Prenez une douche ou un bain ensemble

Lavez-vous mutuellement les cheveux et le corps. À la sortie du bain, faites-vous des massages avec des huiles essentielles qui stimulent le désir (jasmin, patchouli, lavande, vanille).

5. N'abusez pas de la bagatelle

Pour être en bonne santé, faites un peu l'amour, mais pas trop. D'après une étude réalisée auprès d'une centaine d'étudiants américains, ceux qui ont une activité sexuelle 1 à 2 fois par semaine ont des taux d'immunoglobuline (un anticorps) 30 % supérieurs à ceux des étudiants abstinents. Mais ils ont aussi des niveaux d'anticorps 30 % supérieurs à ceux qui font l'amour plus de 2 fois par semaine.

6. Jouez les lèvres en feu

Vos lèvres doivent avoir l'air naturellement pulpeuses, moelleuses et attirantes. Pratiquez un léger gommage sur le pourtour pour enlever les petites peaux disgracieuses et rêches. Puis appliquez sur vos lèvres un vrai baume de soin pas trop gras mais nourrissant, tapotez-les avec une goutte de gloss parfumé, fleuri ou fruité, du bout du doigt juste pour les rendre pleines.

7. Faites-le rêver

Balancez une chaussure au bout de votre pied nu ou laissez la bretelle de votre petit haut dégringoler sur votre épaule. Rien n'est plus érotique que d'imaginer ce que vous ne montrez pas (même si vous êtes mariée depuis des lustres).

SUIVEZ LE GUIDE...

En Afrique, la séduction commence par le vêtement, car derrière le morceau de tissu se cache l'objet de tous les désirs : les fesses légendaires des femmes africaines ! Lorsque la mariée rejoint son mari, ses tantes lui remettent plusieurs pagnes. À chaque pas, elle en enlève un, retardant la rencontre charnelle. Autre secret coquin : le pubis épilé est considéré par les Africains comme un must érotique.

La paresseuse lui titille sciemment les 5 sens

Pour lui faire perdre la tête... Sans se la prendre...

Le goût

Le goût, c'est la base. Mais une petite explication scientifique s'impose : grâce à la salive, les aliments libèrent des molécules sapides qui se fixent sur les récepteurs chimiques de la langue. Ces bourgeons du goût sont constitués d'un nombre très variable de cellules. Chacun d'eux peut capter plusieurs dizaines de molécules sapides distinctes et n'est pas spécialisé dans la perception d'une seule saveur. Résultat, on perçoit un continuum gustatif qui résulte de nombreuses saveurs mais on dispose de peu de mots pour exprimer leur diversité.

Truc de paresseuse

Le goût est un baiser que la bouche se donne par l'intermédiaire de l'aliment. Il n'est donc pas interdit de laisser tomber le langage et, quand vous dégustez un bon mets, de faire quelques petits bruits de bouche bien sentis mais discrets pour exprimer votre plaisir !

La vue

La vue, c'est les yeux du ventre ! Le désir se manifeste par la vue… bien que paradoxalement l'amour rende aveugle. Quoi qu'il en soit, pour être bassement terre-à-terre, il est prouvé que la vue d'un plat appétissant favorise la digestion, en augmentant la sécrétion des sucs digestifs.

Truc de paresseuse

Mettez-lui-en plein la vue ! Soignez toujours la présentation de vos plats pour qu'il les mange des yeux et vous avec !

« J'AI LES MOYENS DE VOUS FAIRE PARLER ! »

Une lampe braquée sur le visage n'est pas particulièrement romantique ! Une lumière tamisée s'impose, donc évitez d'utiliser des ampoules de 100 watts ! Essayez aussi les ampoules à éclairage rouge qui produisent une lueur flatteuse.

L'odorat

L'odorat est un sens du présent qui a de la mémoire. Les voies que les odeurs empruntent dans le cerveau, où elles dorment en attendant d'être réveillées par le prince charmant ou le monstre puant, sont associées aux événements heureux ou douloureux de la vie.

Truc de paresseuse

Si Jules n'a pas de nez, forcez un peu la dose sur les épices, faites rissoler des oignons, ou encore faites-lui le coup de l'odeur du pain frais qui cuit au four (même si c'est du pain surgelé que vous réchauffez). Ainsi se transformera-t-il en « Maître Renard, par l'odeur alléché » et vous tiendra à peu près ce langage : « Hmmm ! C'est top bon moumoune ! »

CHIC MAIS DISCRET

Une bougie parfumée ou un diffuseur d'huile essentielle d'accord, mais gardez la main légère. Évitez les senteurs que vous n'avez jamais testées et qui risqueraient de vous écœurer trop rapidement.

Le toucher

C'est avec les mains que vous préparez les aliments, que vous les coupez, les émincez, les fouettez, les dressez ou, tout simplement, que vous contrôlez la chaleur de la nourriture.

Truc de paresseuse

Faites-le jouir des plaisirs de la cuisine à deux : par exemple, vos belles mains blanches dans la farine ! Et avec une tenue un peu coquine, c'est encore mieux !

PAS D'OURSIN CE SOIR

Douche, gommage, hydratation intense… Une peau douce est indispensable, surtout l'hiver. Une épilation parfaite est aussi primordiale à moins d'être une naturiste allemande !

L'ouïe

L'ouïe intervient peut-être plus discrètement, mais il ne faut pas la négliger pour autant. Ses oreilles et les vôtres perçoivent les bruits du rissolage, de la friture et de la musique du vin qui coule de la bouteille dans le verre dans l'attente d'envahir votre bouche avec son parfum.

Truc de paresseuse

En tête-à-tête, faites passer une mèche de cheveux derrière l'oreille et buvez ses paroles comme un nectar précieux. Votre homme se sentira important à vos yeux et n'en sera que plus attentif quand viendra l'heure de vous faire plaisir…

20 recettes de Cupidon pour le faire grimper aux rideaux

1. Velouté cajoleur de riz rouge et piment d'Espelette

Pour 2 personnes

- 2 carottes
- 1 tomate
- 75 g de riz rouge
- 1 c. à café de poudre de piment d'Espelette
- Quelques brins de ciboulette finement ciselés
- Fleur de sel, poivre du moulin.

1. Pelez, lavez et coupez les carottes en morceaux.
2. Coupez la tomate en 2 et ôtez les pépins.

3. Dans une casserole, mettez le riz, les carottes, la tomate et ajoutez 75 cl d'eau froide. Portez à ébullition et laissez cuire pendant 30 min. Mixez le tout, salez et poivrez.
4. Avant de servir, saupoudrez du piment d'Espelette et un peu de ciboulette.

Le petit plus érotique de la paresseuse

Chauds, les Basques ! Le piment d'Espelette a ses ancêtres en Amérique, vraisemblablement au Mexique, où certaines variétés de piments sont en quelque sorte ses cousins éloignés. Bien adaptée au climat local apparenté à celui de ses origines, la culture du piment s'est propagée dans la majorité des fermes du Pays basque.

2. Bœuf ardent aux 5 sens

Pour 2 personnes

- 250 g de bœuf
- 1 poivron rouge
- 1 poivron vert
- 1 petite boîte de pousses de bambou
- 2 c. à soupe d'huile de sésame
- 1 c. à café de graines de sésame
- 2 c. à soupe de sauce de soja
- 1 pincée de gingembre en poudre
- 1 pincée de piment de Cayenne

1. Découpez le bœuf et les poivrons en lamelles. Égouttez les pousses de bambou.

2. Dans une cocotte, mettez l'huile de sésame à chauffer et faites dorer les graines de sésame durant quelques minutes. Réservez. Faites également dorer les lamelles de bœuf, puis réservez-les. Faites revenir les lamelles de poivrons, puis ajoutez les pousses de bambou et laissez mijoter cela pendant quelques minutes après avoir ajouté la sauce de soja.
3. Remettez ensuite dans la cocotte le bœuf et le reste des ingrédients, le gingembre et la pincée de piment de Cayenne. Laissez mijoter durant 15 min.
4. Servez bien chaud. Vous n'avez guère besoin d'accompagnement, mais vous pouvez toujours opter pour une timbale de riz thaï.

Le petit plus érotique de la paresseuse

Le piment de Cayenne, comme son nom ne l'indique pas, n'est pas cultivé à Cayenne mais en Inde. C'est un des piments les plus forts et pourtant un des plus petits !

AU FEU !

L'échelle de Scoville est une échelle de mesure de la force des piments, inventée en 1912 par le pharmacologue américain Wilbur Scoville. Pour établir son classement, Scoville préparait une solution de piment frais entier réduit en purée et mélangé avec de l'eau sucrée. Cette solution était généralement testée par 5 personnes et tant que la sensation de brûlure du piment subsistait, il en augmentait la dilution. Lorsque la sensation de brûlure disparaissait, la valeur de la dilution servait de mesure à la force du piment. Par exemple, un piment doux, ne contenant pas de capsaïcine, avait un degré équivalent à 0 – ce qui signifie « aucune sensation de brûlure détectable même sans dilution ». À l'opposé, pour les piments les plus forts, un taux de 300 000 signifiait que leur extrait devait être dilué 300 000 fois avant que la capsaïcine ne devienne indétectable. Pour vous donner une idée...
0 = Poivron
100 à 500 = Paprika
1 500 à 2 500 = Piment d'Espelette
2 500 à 8 000 = Piment Jalapeño
2 500 à 5 000 = Tabasco rouge
30 000 à 50 000 = Piment de Cayenne

30 000 à 60 000 = Piment oiseau
350 000 à 577 000 = Piment Habanero
1 000 000 = Piment Bhut Jolokia (le plus fort du monde)
2 000 000 à 5 300 000 = bombe d'autodéfense légale
15 000 000 à 16 000 000 = capsaïcine pure et dihydrocapsaïcine

3. Côtelettes d'agneau capiteuses au miel et au gingembre

Pour 2 personnes

- 1 c. à soupe d'huile de tournesol
- 2 belles côtelettes d'agneau
- 1 verre de vin blanc sec
- 20 cl de bouillon
- Le zeste et le jus de 1 citron
- 1 pincée de gingembre en poudre
- 2 c. à soupe de miel liquide
- Fleur de sel, poivre du moulin.

1. Mettez l'huile à chauffer dans une poêle. Quand elle est bien chaude, faites dorer les côtelettes. Ajoutez ensuite le vin, le bouillon, le zeste de citron et le gingembre.
2. À la reprise de l'ébullition, ajoutez le miel et le jus de citron. Salez et poivrez. Laissez réduire pendant 10 min environ. Servez avec du riz basmati ou du couscous.

Le petit plus érotique de la paresseuse

Ne lésinez pas sur la qualité du miel. Artisanal, c'est mieux ! Voilà un repas qui vous donnera envie de butiner…

4. Carpaccio de lotte irrésistible mariné au piment

Pour 2 personnes

- 300 g de lotte
- 1 petit piment rouge épépiné
- Le jus de 1 citron
- 2 c. à soupe d'huile d'olive
- 1 c. à café de piment doux
- Fleur de sel

1. Mettez la lotte au congélateur pendant 1 h puis coupez-la en tranches fines.
2. Mettez les tranches de lotte et le piment dans un grand plat creux, et arrosez le tout de jus de citron et d'huile d'olive. Saupoudrez de la fleur de sel et du piment doux par-dessus.
3. Mélangez bien l'ensemble et couvrez-le de film alimentaire. Mettez au frais pendant 1 h. Servez votre carpaccio avec une salade de mesclun et de fines tartines de pain de campagne grillées.

Le petit plus érotique de la paresseuse

Le piment rouge ? Oui, c'est bien celui qui réchauffe ! La capsaïcine contenue dans la gousse stimule la circulation du sang et donc l'érection. Prévoyez beaucoup d'eau froide pour calmer Jules au cas où vous y seriez allée un peu fort !

5. Vol-au-vent terre et mer soulève-jupe

Pour 2 personnes

- 2 vol-au-vent (réchauffés au four)
- 20 g de beurre
- 1 c. à soupe de farine
- 10 cl de crème fraîche légère
- 1 pincée de graines de céleri écrasées
- Un peu d'estragon frais
- 1 blanc de poulet découpé en dés
- 4 huîtres ouvertes
- 1 pincée de piment de Cayenne
- Le jus de 1/2 citron
- Sel, poivre du moulin

1. Mettez le beurre à chauffer et ajoutez la farine. Mélangez-les, puis retirez la préparation du feu.
2. Ajoutez la crème petit à petit, puis remettez la préparation à chauffer. Assaisonnez avec les herbes, les graines, du sel et du poivre, puis laissez mijoter cet ensemble à feu doux durant 15 min en remuant de temps en temps.
3. Ajoutez le poulet, les huîtres et le piment. Remuez, puis laissez mijoter 10 min supplémentaires.
4. Arrosez le tout de jus de citron et remplissez les vol-au-vent avec la préparation.

Le petit plus érotique de la paresseuse

Pour érotiser votre repas, laissez votre langue se délier. Allez-y, choquez, prononcez des mots que vous n'oseriez pas même murmurer seule. Des paroles un peu vulgaires, des mots quelque peu grossiers ou simplement coquins, pour donner un coup de fouet (sans jeu de mots sadomaso) à la libido de votre homme… Et la vôtre ! Goûtez votre chéri au travers des mots, car les mots sont comme des baisers. Ils vous portent à frémir. Au désir. Au plaisir.

6. Jarret de porc enchanteur aux échalotes confites

Pour 2 personnes

- 2 grands verres de bouillon de viande (en cube ou en brique)
- 2 c. à soupe d'huile de tournesol
- 2 petits jarrets de porc
- 1 oignon pelé et émincé
- 1 bouquet garni
- 1 c. à soupe de miel
- 4 échalotes
- 2 carottes coupées en rondelles
- 1 petit bouquet d'estragon (facultatif)
- Fleur de sel, poivre du moulin.

1. Faites chauffer le bouillon de viande selon les indications du paquet.
2. Mettez l'huile à chauffer dans une cocotte et faites-y dorer les jarrets. Quand ils sont bien colorés, retirez-les de la cocotte et remplacez-les par l'oignon. Faites-le revenir pendant 1 min en remuant constamment, puis remettez les jarrets à cuire. Salez, poivrez et versez le bouillon chaud par-dessus.
3. Ajoutez le bouquet garni, le miel et les échalotes entières et laissez cuire à feu doux et à couvert pendant 1 h en retournant régulièrement les jarrets.

4. En fin de cuisson, ajoutez les carottes et poursuivez la cuisson à découvert pendant 30 min. Parsemez de l'estragon finement haché. Servez très chaud, avec une purée de pommes de terre ou des pommes de terre nouvelles à la vapeur.

Le petit plus érotique de la paresseuse

Ah, la langue ! Quelle habileté, quand on y pense ! Elle est capable de balayer, de triturer, de titiller, de presser, de broyer, de vibrer, de se retourner, de se creuser, de s'étirer, de s'étaler… la langue qui, comme disait Brillat-Savarin, par la délicatesse de sa contexture annonce la sublimité des opérations auxquelles elle est destinée.

7. Tajine ensorcelant d'agneau aux dattes

Pour 2 personnes

- 2 petits oignons
- 2 carottes
- 300 g d'épaule d'agneau désossée
- 1 gousse d'ail
- 1 c. à café de cannelle
- 1/2 c. à café de cumin moulu
- 1 c. à café de *ras el hanout*
- 1 c. à soupe d'huile d'olive
- 2 tomates
- 8 grosses dattes
- 1 poignée d'amandes effilées
- Sel

1. Épluchez et hachez finement les oignons. Pelez les carottes et taillez-les en bâtonnets.

2. Dans une sauteuse (ou un plat à tajine, si vous en avez un), faites revenir la viande, l'ail et les épices dans l'huile d'olive.
3. Ajoutez les oignons et 2 verres d'eau. Portez à ébullition et faites cuire à couvert pendant 1 h à feu doux.
4. Ajoutez ensuite les tomates pelées et coupées en gros morceaux, ainsi que les carottes. Salez et rajoutez 1 verre d'eau. Laissez cuire à découvert durant 30 min en surveillant la cuisson. Votre sauce doit se réduire. En cuisant le tajine en deux temps (d'abord la viande, puis les légumes), la viande sera tendre et les légumes cuits à point.
5. Rajoutez les dattes et les amandes. Servez bien chaud.

Le petit plus érotique de la paresseuse

Le tajine est une recette profondément amoureuse parce qu'il se mijote à feu très doux dans un nid de chaleur et de saveurs franches et sucrées… Quant aux dattes, elles fondent dans la bouche comme… des bonbons !

8. Aiguillettes polissonnes de poulet aux poires

Pour 2 personnes

- 1 échalote
- 2 petites poires
- 2 blancs de poulet de 150 g environ
- 1 c. à soupe d'huile de tournesol
- 2 c. à soupe de beurre
- 100 g de lardons maigres
- 1 verre de vin blanc sec
- Un peu de persil plat

1. Pelez et émincez l'échalote.

2. Pelez les poires et coupez-les en grosses lamelles. Faites-les dorer à la poêle avec le beurre et réservez-les.
3. Coupez les blancs de poulet en aiguillettes. Faites-les revenir pendant quelques minutes dans un peu d'huile de tournesol. Ajoutez les échalotes émincées et les lardons, et laissez cuire cela pendant environ 10 min à feu doux.
4. Versez ensuite le vin blanc tout en grattant la poêle afin de décoller les sucs de cuisson, puis ajoutez les poires. Laissez cuire encore quelques instants, puis saupoudrez du persil plat finement coupé.
5. Servez bien chaud avec une purée de légumes de votre choix.

Le petit plus érotique de la paresseuse

Ève, c'était la pomme, d'accord, mais il existe une alternative : la poire. Avec plus de 40 variétés, vous ne serez pas en reste et puis, contrairement à la pomme, la poire fond dans la bouche d'une façon particulièrement sexy.

9. Pigeons aguicheurs au safran et aux abricots secs

Pour 2 personnes

- 1 petite carotte
- 1 oignon doux
- 1 gousse d'ail
- 1 morceau de gingembre frais de 1 cm
- 4 abricots secs
- 2 pigeons
- 2 c. à soupe d'huile de tournesol
- 1/2 bouteille de vin blanc sec

- 2 pistils de safran
- 1 c. à soupe de raisins blonds
- Fleur de sel, poivre du moulin

1. Épluchez la carotte, l'oignon et la gousse d'ail, puis coupez-les en lamelles. Râpez le gingembre. Coupez les abricots secs en grosses lamelles.
2. Mettez l'huile à chauffer dans une cocotte et faites-y dorer les pigeons sur toutes leurs faces. Retirez-les. Faites suer l'oignon, l'ail et la carotte et remettez les pigeons à cuire.
3. Versez le vin blanc et laissez cuire la préparation à feu doux pendant 45 min.
4. Sortez les pigeons de la cocotte et gardez-les au chaud. Laissez réduire le jus de cuisson de 1/3 avant d'ajouter le gingembre râpé, le safran, le poivre, le sel, les raisins et les abricots secs. Laissez mijoter durant 10 min.
5. Servez vos pigeons nappés de sauce. Vous pouvez les accompagner avec des épinards à l'ail revenus dans un peu d'huile d'olive ou du riz sauvage.

Le petit plus érotique de la paresseuse

Le safran a des propriétés stimulantes sur les zones érogènes : des études ont en effet démontré qu'il a des effets comparables à ceux exercés par les hormones. Attention, une dose excessive de safran cause un fou rire incontrôlable !

10. Saint-Jacques suggestives aux tomates confites et au radis noir

Pour 2 personnes

- 1 carotte
- 1 radis noir

- 4 tomates confites
- 1 c. à soupe de vinaigre de vin rouge
- 3 c. à soupe d'huile d'olive
- 8 noix de Saint-Jacques
- 2 feuilles de cerfeuil
- Quelques brins de ciboulette
- Fleur de sel, poivre du moulin

1. Épluchez la carotte et le radis, et taillez-les en fines lamelles. Faites de même avec les tomates confites.
2. Préparez une vinaigrette avec le vinaigre de vin rouge, 2 c. à soupe d'huile d'olive, le sel et le poivre. Battez-la bien et assaisonnez les légumes avec cette sauce.
3. Dans une poêle bien chaude, faites dorer les noix de Saint- Jacques de 1 à 2 min de chaque côté, selon leur épaisseur.
4. Déposez 4 Saint-Jacques sur chaque assiette, 1 feuille de cerfeuil par-dessus et versez 1 goutte d'huile d'olive. Disposez tout autour la salade de légumes décorée de quelques brins de ciboulette coupés.

Si vous voulez que cette recette soit franchement luxueuse, dispersez quelques lamelles de truffe noire sur vos Saint-Jacques.

Le petit plus érotique de la paresseuse

Les coquilles Saint-Jacques sont des symboles de fécondité, attributs de Vénus, la déesse de l'Amour. De nombreux tableaux la montrent sortant d'une coquille. Le plus génial est *La Naissance de Vénus* de Sandro Botticelli, peint vers 1485, et conservé au musée des Offices à Florence.

11. Faisan déniaisé aux pommes

Pour 2 personnes

- 1 faisan (vidé et plumé !)
- 2 tranches fines de lard
- 30 g de beurre
- 2 pommes
- 1 petit pot de crème fraîche épaisse
- 1 petit verre de calvados
- 1 bouquet de persil plat
- Fleur de sel, poivre du moulin

1. Salez et poivrez l'intérieur et l'extérieur du faisan, et bardez-le avec les tranches de lard que vous maintiendrez avec de la ficelle. Épluchez les pommes et coupez-les en tranches.
2. Faites chauffer 15 g de beurre dans une grande cocotte pour y faire dorer le faisan sur toutes ses faces. Laissez cuire pendant 20 min à couvert.
3. À l'issue de ces 20 min de cuisson, incorporez le beurre restant et les pommes. Laissez ces dernières se colorer à découvert durant quelques minutes. Incorporez ensuite la crème fraîche. Baissez le feu, recouvrez et laissez cuire encore pendant 20 min.
4. Enlevez la barde et la ficelle du faisan et remettez celui-ci dans la cocotte. Ajoutez le verre de calvados et laissez le plat encore quelques minutes sur le feu à découvert. Parsemez du persil haché dessus.

Le petit plus érotique de la paresseuse

Au Moyen Âge, la cuisine reposait sur la « théorie des humeurs ». Les aliments étaient classés en catégories (chauds, froids, secs ou humides), dont la combinaison était censée altérer le sang, la bile et les humeurs. Aux jeunes filles et aux veuves, on interdisait la volaille (ainsi que le poireau, les fèves et les épices) réputée aphrodisiaque. Une raison de plus pour en manger !

12. *Capellini* pétulantes aux truffes blanches

Pour 2 personnes

- 250 g de pâtes *capellini*
- 2 c. à soupe d'huile d'olive
- 1 petit bouquet de basilic frais
- 30 g de parmesan
- 1 truffe blanche
- Fleur de sel, poivre du moulin

1. Faites cuire les pâtes dans de l'eau salée portée à ébullition durant 10 min pour une cuisson *al dente*. Égouttez-les bien.
2. Dans une poêle, mettez 2 c. à soupe d'huile d'olive à chauffer et faites-y revenir les pâtes ainsi que la moitié du basilic haché durant 2 min. Salez et poivrez.
3. Servez la préparation dans 2 assiettes et saupoudrez-la de parmesan frais râpé. Puis, à l'aide d'un éplucheur à légumes, coupez des petits morceaux de truffes et disposez-les sur chaque portion. Garnissez ensuite de quelques feuilles de basilic sur le côté de l'assiette pour la décoration.

La truffe blanche est encore plus chère que la noire. Ruinez-vous uniquement si la soirée vaut le coup (de hanches) !

Le petit plus érotique de la paresseuse

La truffe blanche, dont le terroir de prédilection est le Piémont, était vénérée par les Romains pour ses qualités aphrodisiaques. Plus tard, le gourmand Rossini l'appela même « le Mozart des champignons ». Mais, au fait, est-elle vraiment aphrodisiaque ? Rien n'est prouvé, cependant si la truie cherche naturellement ces diamants noirs ou blancs, c'est parce qu'il émane de ceux-ci des parfums identiques à certaines substances que l'on trouve dans les organes sexuels du porc ! De l'homme à la bête, il n'y a qu'un pas !

13. Gâteaux bouleversants de crabe au curry rouge

Pour 2 personnes

- 1 c. à café de curry rouge
- 1 c. à soupe d'huile de tournesol
- 1 verre de lait de coco
- 1 c. à café de sucre
- 1/2 gousse d'ail
- 200 g de chair de crabe
- 2 œufs
- Le zeste de 1 citron
- 1 c. à soupe de coriandre fraîche
- Fleur de sel

1. Préchauffez le four à 150 °C. Mélangez le curry rouge et l'huile. Dans une petite casserole, faites chauffer le lait de coco. Ajoutez le mélange de curry rouge et d'huile, le sucre, l'ail écrasé et 1 pincée de sel.
2. Gardez quelques beaux morceaux de crabe de côté. Passez au mixeur le lait de coco, le reste du crabe et les œufs, ajoutez ensuite le zeste de citron dans la préparation.
3. Dans des petits ramequins, disposez les beaux morceaux de crabe. Versez ensuite le mélange précédent. Faites cuire au four les petits gâteaux de crabe pendant 30 min au bain-marie ; pour cela, mettez les petits pots dans un plat contenant un fond d'eau chaude. Vérifiez la cuisson en enfonçant la pointe d'un couteau, qui doit ressortir sèche.
4. Saupoudrez de la coriandre fraîche coupée au moment de servir.

Le petit plus érotique de la paresseuse

Le crabe ne jouit pas de la réputation sulfureuse des huîtres ou des écrevisses. Pas grave ! Il vous reste le curry et la coriandre, 2 aphrodisiaques filous qu'il est toujours bon d'avoir sous la main.

14. Daurade charmante à la sarriette

Pour 2 personnes

- 2 c. à soupe d'huile d'olive
- 1 bonne pincée d'herbes de Provence
- Le jus de 1 citron
- 1 gousse d'ail
- 1 oignon
- 1 pointe de couteau de piment d'Espelette (ou, à défaut, de poivre de Cayenne)
- 1 daurade (à faire préparer par votre poissonnier)
- 1 pincée de sarriette fraîche ou séchée

1. Mélangez dans un saladier l'huile, les herbes de Provence, le jus de citron, l'ail pressé, l'oignon en lamelles et le piment d'Espelette.
2. Faites quelques incisions dans la peau du poisson et farcissez-le de sarriette, placez-le dans un plat à four et versez l'huile parfumée dessus. Laissez mariner au réfrigérateur pendant au moins 1 h, en retournant le poisson 1 ou 2 fois.
3. Faites cuire à four chaud (180 °C) pendant 30 min. Servez le plat avec de petites pommes de terre vapeur, arrosées d'un filet d'huile d'olive.

Le petit plus érotique de la paresseuse

Durant des siècles, la sarriette a été considérée comme l'herbe de l'amour, prompte à aiguillonner les ardeurs du corps. D'ailleurs, son nom latin (*satureia*) signifie « herbe à satyre », c'est tout dire ! Au Moyen Âge, la sarriette était considérée comme « l'herbe du diable ». Il faudra attendre que sainte Hildegarde, dont la chasteté ne faisait aucun doute, en vante les vertus et en recommande la culture pour qu'elle retrouve la popularité qu'elle avait du temps des Romains. Aujourd'hui encore, son essence est utilisée en aromathérapie pour combattre les insuffisances sexuelles.

15. Filets indomptables de canard à l'ananas et à la menthe poivrée

Pour 2 personnes

- 2 filets de canard de 150 g environ
- 2 c. à soupe d'huile d'arachide
- Quelques petits oignons nouveaux
- 1 gousse d'ail
- 150 g d'ananas frais ou en boîte
- Quelques brins de coriandre fraîche
- Quelques feuilles de menthe poivrée
- Fleur de sel

Pour la marinade :

- 2 c. à soupe de sauce soja
- 2 c. à soupe de vinaigre de xérès
- 1 c. à soupe d'huile d'olive
- 2 c. à café de Maïzena

1. Préparez la marinade en mélangeant tous les ingrédients. Coupez les filets de canard en aiguillettes et laissez-les baigner dans la marinade pendant environ 30 min.
2. Faites chauffer l'huile dans un wok ou une cocotte, ajoutez le canard et les oignons coupés. Laissez-les dorer durant 2 min environ. Ajoutez l'ail au dernier moment, ainsi que les morceaux d'ananas. Mélangez bien, salez un peu et laissez cuire à feu plus doux pendant 5 min.
3. Au moment de servir, parsemez généreusement votre plat de coriandre fraîche et de menthe coupées. Servez avec du riz thaï ou basmati.

Le petit plus érotique de la paresseuse

Hippocrate considérait la menthe comme aphrodisiaque et l'utilisait pour traiter l'impuissance. Sans aller jusque-là (puisque Jules est un vrai taureau !!!), vous pouvez utiliser de l'huile essentielle de menthe poivrée pour clarifier votre esprit ; son arôme léger, pur et frais, rend, paraît-il, d'humeur enjouée. Une option audacieuse, aux antipodes de la monotonie, qui dévoilera sans conteste une facette inconnue de vos émois érotiques.

16. Colombo exaltant de poulet aux courgettes et à la banane

Pour 2 personnes

- 1 poulet
- 1 c. à soupe d'huile d'olive
- 1 gousse d'ail
- 1 oignon
- 1 pincée de cumin
- 1 courgette
- 1 tomate
- 1 branche de thym
- 2 c. à soupe de poudre à colombo
- 1 petit piment
- 1 petite banane
- Le jus de 1 citron vert
- Un peu de persil
- Sel, poivre du moulin

Pour la marinade :

- 1 petit verre de vinaigre de vin
- 1 verre d'huile d'olive
- 1 pincée de cumin en poudre
- 1 gousse d'ail
- 1 bouquet garni
- Sel, poivre du moulin

1. Préparez la marinade en mélangeant tous les ingrédients. Coupez le poulet en morceaux et laissez-le mariner dans cette préparation durant 24 h au frais.
2. Le lendemain, égouttez les morceaux de poulet et faites-les revenir sur toutes leurs faces dans une cocotte avec un peu d'huile d'olive, ainsi que l'ail et l'oignon hachés. Laissez cuire à feu vif de 6 à 7 min en remuant. Ajoutez 1 pincée de cumin et recouvrez le tout d'eau froide à mi-hauteur.
3. Coupez la courgette et la tomate en tout petits dés. Ajoutez-les au poulet, ainsi que le thym. Salez et poivrez.
4. Dans un bol, délayez la poudre à colombo avec quelques cuillerées d'eau froide. Versez le mélange ainsi obtenu sur le poulet et remuez bien l'ensemble.
5. Déposez ensuite, sans le percer, le piment au milieu de la cocotte. Couvrez et laissez mijoter à feu doux pendant 35 min. En fin de cuisson, retirez le piment, ajoutez la banane coupée en morceaux, le jus du citron vert et portez le plat à ébullition durant quelques minutes.
6. Servez votre colombo très chaud décoré de persil et accompagné de riz.

Le petit plus érotique de la paresseuse

La poudre de colombo n'est pas une épice mais un mélange d'épices, qui comprend de l'ail, du piment rouge, du curcuma, de la coriandre et des graines de moutarde. Bref, tout ce qu'il faut pour fouetter le sang !

17. Wok excitant de poulet au chou chinois et au gingembre

Pour 2 personnes

- 1 c. à soupe d'huile de tournesol
- 2 escalopes de poulet de 150 g environ
- 1 chou chinois
- 2 petites carottes
- 1 oignon
- 1 morceau de gingembre de 1 cm
- 1 cube de bouillon de volaille
- Quelques gouttes d'huile de sésame
- 1 c. à soupe de sauce de soja

1. Faites chauffer l'huile dans un wok ou une poêle creuse, puis ajoutez les escalopes de poulet coupées en aiguillettes.
2. Une fois que le poulet est doré, ajoutez le chou chinois taillé en lanières, les carottes coupées en bâtonnets, l'oignon en rondelles et le gingembre râpé. Mélangez bien et faites revenir pendant 6 à 7 min.
3. Mouillez ensuite presque à hauteur avec le bouillon de volaille (vous aurez dissous le cube dans de l'eau, selon les instructions de l'emballage). Quand le liquide est quasiment évaporé, versez quelques gouttes d'huile de sésame et la sauce de soja.

Vous pouvez servir ce plat tel quel mais aussi avec du riz nature thaï ou basmati.

Le petit plus érotique de la paresseuse

Le traditionnel chou chinois est de forme oblongue… De là à en tirer certaines conclusions… D'ailleurs, il est riche en vitamine E, qui améliore la circulation du sang au niveau des organes sexuels !

18. Aiguillettes fougueuses de bœuf à la poire et à l'orange

Pour 2 personnes

- 300 g de filet de bœuf
- 2 poires
- Le zeste et le jus de 1 orange
- 1 c. à soupe de moutarde
- 1 c. à soupe de farine
- 1 c. à soupe de cognac
- Fleur de sel, poivre du moulin

1. Coupez le filet de bœuf en lamelles. Pelez les poires, retirez leur cœur et coupez-les en quartiers.
2. Dans une casserole, portez à ébullition le jus d'orange et les quartiers de poires. Salez légèrement et poivrez. Retirez les quartiers de poires.
3. Ajoutez la moutarde et la farine dans le jus. Laissez cuire jusqu'à ce que le mélange épaississe. Ajoutez le cognac en dernier.
4. Saisissez le bœuf dans une poêle antiadhésive. Salez et poivrez.
5. Servez les morceaux de bœuf nappés de sauce, parsemés du zeste d'orange et entourés de quartiers de poires.

Le petit plus érotique de la paresseuse

Ne soyons pas trop poire : le bœuf n'est pas résolument aphrodisiaque. Seul espoir, le fer qu'il contient en grande quantité peut éventuellement donner à Jules toute la vitalité nécessaire au lit. Oh ouiiiiii !!!

19. Filet racoleur de morue au parfum d'orange

Pour 2 personnes

- Le jus de 4 oranges (ou 1 grand verre de jus d'orange)
- 2 c. à soupe d'huile d'olive
- 2 c. à café de sucre roux
- 1 zeste d'orange
- 1 filet de morue d'environ 400 g

1. Préparez la marinade avec le jus des oranges, l'huile d'olive, le sucre et le zeste d'orange.
2. Coupez le filet de morue en 2, versez la marinade dessus et placez la préparation durant 3 h au réfrigérateur.
3. Retirez les filets de la marinade et mettez-les dans un plat à four (réservez la marinade). Faites cuire cela durant 15 min à 180 °C en retournant le poisson à mi-cuisson.
4. Mettez la marinade dans une casserole et laissez-la réduire de moitié, jusqu'à l'obtention d'une sauce sirupeuse.
5. Servez vos filets de morue nappés de sauce et accompagnés d'une poêlée de courgettes.

Le petit plus érotique de la paresseuse

Aphrodisiaque, le poisson ? N'oublions pas qu'Aphrodite est née de la mer…

20. Saumon libertin en sauce safranée aux girolles

Pour 2 personnes

- 2 pavés de saumon de 150 g
- 1 c. à soupe d'huile d'olive

- 20 g de beurre
- 1 échalote
- 200 g de girolles (fraîches ou surgelées)
- 1 pamplemousse
- 25 cl crème épaisse
- 2 pistils de safran
- 1/2 c. à café de gingembre moulu
- 1 c. à café de graines d'aneth
- Sel, poivre noir

1. Assaisonnez le saumon avec du sel, du poivre et 1 filet d'huile d'olive. Faites-le dorer sur chaque face pendant quelques minutes à la poêle. Réservez.
2. Mettez le beurre à fondre dans une sauteuse et faites-y fondre l'échalote finement émincée. Lavez, séchez et ajoutez les girolles coupées en 2 ou entières selon leur taille et le jus de pamplemousse fraîchement pressé. Laissez mijoter durant 5 min.
3. Incorporez ensuite la crème fraîche, le safran (dilué dans un peu d'eau), le gingembre moulu et les graines d'aneth écrasées. Lorsque la sauce frémit, ajoutez le saumon et laissez mijoter de 6 à 7 min de manière à ce que la sauce se réduise quelque peu. Servez bien chaud.

Le petit plus érotique de la paresseuse

Souvent de forme phallique, les champignons ont toujours été considérés comme aphrodisiaques. L'un d'eux doit d'ailleurs son nom de *Phallus Impudicus* à son étonnante ressemblance à un pénis en érection surmonté d'un gland. Et si la truffe fait rêver les amants, pourquoi pas non plus les girolles ? Leur parfum musqué aux odeurs de sous-bois devrait tout aussi bien faire l'affaire. Il y a tant de choses à faire dans les sous-bois…

Et pour accompagner tout ça ?

Le plat et le vin doivent se mettre mutuellement en valeur et non se concurrencer. Alchimie délicate, l'un ne doit pas dominer l'autre, tout comme dans un couple ! Cette recherche d'harmonie gustative s'échelonne du simple plaisir de dégustation à la recherche de l'accord parfait, où vin et plat savourés ensemble créent une nouvelle saveur. N'ayez pas peur de bousculer les idées reçues : tentez, goûtez et... accordez !

Respectez quelques grands principes

• Goûtez le vin avant de le servir à vos invités et *a fortiori* à Jules pour vous assurer qu'il n'a pas le goût du bouchon.

• Évitez de remuer inutilement les bouteilles, surtout s'il s'agit de vins d'un certain âge.

• Servez vos vins à bonne température. On sert souvent les vins rouges trop chauds (16 °C est un maximum pour un bordeaux) et les vins blancs trop froids (frais ne veut pas dire glacé !).

• Soyez logique : un mets léger exige un vin léger ; un mets riche appelle un vin corsé.

• Servez vos vins dans des verres adaptés : de préférence un verre classique évasé à la base et légèrement refermé sur le haut ; il préserve le bouquet du vin et en accentue la saveur jusqu'à la dernière goutte.

• Respectez le bon ordre : les blancs avant les rouges ; du plus sec au plus moelleux ; du moins alcoolisé au plus alcoolisé ; du plus jeune au plus vieux ; du plus léger au plus corsé ; du plus frais au plus chambré.

• Suivez une certaine progression. Montez toujours en gamme : servez votre grand vin avec le plat principal, et, ensuite, un vin plus simple avec le fromage. Vous pouvez aussi changer de couleur de vin ou passer à un vin moelleux avec le dessert.

Recherchez l'harmonie

Plat simple = vin simple

Si le plat est assez fade ou ne comporte que 1 ou 2 saveurs de base, il est inutile de l'accompagner d'un vin complexe qui l'écraserait. Mieux vaut alors boire un vin tout aussi simple, plutôt gouleyant et facile à boire, pour que le vin et le plat restent sur la même tonalité.

Plat très épicé = vin sucré

Lorsqu'un plat est très épicé, le sucre du vin va se fondre derrière les épices et réciproquement.

Plat élégant = vin élégant

Avec un plat très élégant, il vaut mieux choisir un grand bourgogne ou un grand côtes-du-rhône

Plat rustique = vin rustique

Un madiran ou un cahors, par exemple.

Plat sucré = vin moins sucré que le plat

Il faut laisser le plat dominer le vin. Ainsi les grands liquoreux (les sauternes ou les tokays, par exemple) ne seront quasiment jamais utilisés avec un dessert.

Et n'oubliez pas qu'un grand vin se suffit à lui-même !

Pense-bête des vins de la paresseuse

Quelques exemples d'accords – presque – parfaits… (Pour les desserts, reportez-vous au chapitre 5.)

Les entrées

- Asperges sauce mousseline : muscat d'Alsace, meursault, graves blanc
- Avocats : champagne
- Champignons : blancs secs du Jura, d'Alsace ou de Bourgogne

- Charcuteries : rosé, mâcon et touraine blancs, beaujolais-villages
- Crudités : xérès fino, côtes de Provence rosé
- Escargots : riesling, rully blanc, jurançon
- Foie gras : sauternes, meursault charmes
- Jambon de Bayonne : côtes-du-rhône villages, bordeaux clairet
- Salade niçoise : sylvaner, côtes de Provence rosé
- Tarte à l'oignon : muscadet, sancerre, pinot blanc d'Alsace
- Tarte aux champignons : tokay pinot gris d'Alsace

Les poissons et les crustacés

- Bar grillé : blanc de Lirac, rosé de Provence ou de Corse
- Bouillabaisse : rosé ou blanc de Provence et du Languedoc
- Brandade : tavel, clairette de Bellegarde, bordeaux blanc
- Crabes : chablis
- Crevettes et bouquets : muscadet
- Écrevisses : sancerre
- Homard à l'américaine : corton blanc ou château-grillet
- Homard grillé : grand bourgogne blanc, hermitage blanc
- Huîtres creuses : muscadet, bordeaux
- Huîtres plates : bourgognes et graves blancs
- Langoustines : chablis
- Loup : bellet blanc
- Maquereau : gros-plant, sauvignon, tavel
- Moules marinières : bordeaux ou bourgognes blancs, gros-plant
- Palourdes farcies : anjou blanc
- Plateau de fruits de mer : muscadet, sancerre, sylvaner, entre-deux-mers, graves blanc, chablis
- Poissons blancs ou à chair délicate (colin, flétan, raie, sole, turbot) : champagne blanc de blanc, muscadet, savennières, pinot blanc d'Alsace
- Raie au beurre noir et câpres : rouges de Loire
- Rougets grillés : bourgogne blanc, hermitage blanc
- Saint-Jacques : sylvaner
- Sardines grillées : bourgogne aligoté, muscadet, vinho verde

- Saumon frais : montrachet, chablis, savennières
- Saumon fumé : nuits-saint-georges blanc, riesling
- Sole : chablis, meursault
- Soupe de poisson : rosé
- Thon : bordeaux blanc, côtes du Roussillon.
- Truite au bleu : riesling, vin jaune
- Truite fumée : pouilly fumé
- Truite saumonée : montrachet, chablis, savennières
- Turbot sauce hollandaise : saumur hermitage blanc

Les viandes

- Baron d'agneau : pauillac, haut-médoc, minervois, côtes-du-rhône
- Blanquette de veau : riesling, givry, mercurey, arbois (blanc), côtes-de-bourg (rouge)
- Bœuf bourguignon : côtes-de-nuits villages
- Canard à l'orange : jurançon, vin jaune
- Canard rôti : listrac, ladoix
- Carré d'agneau : pauillac, saint-julien, mondeuse de Savoie
- Civet de lièvre : fronsac
- Coq au vin : chambertin, châteauneuf-du-pape, madiran
- Dinde aux marrons : graves, saint-joseph
- Entrecôte bordelaise : saint-julien
- Faisan aux pommes : moulis
- Gigot de mouton : pauillac, saint-émilion
- Lapin à la moutarde : sancerre rouge, tavel
- Lapin chasseur : montagne-saint-émilion, côtes-du-rhône rouge
- Magrets de canard au poivre vert : côtes-du-rhône, bourgogne
- Pot-au-feu : gigondas, cahors, anjou rouge
- Poulet à l'ail : sauternes, barsac
- Poulet à la crème : chinon, bourgueil, beaujolais
- Poulet rôti : volnay, lalande-de-pomerol
- Rôti de bœuf : médoc, bourgogne, côtes-du-rhône
- Rôti de porc : graves, saumur, côtes-du-rhône

Les fromages

- Beaufort : rouge fruité, vin blanc de Savoie
- Bleu d'Auvergne : hermitage, pomerol
- Brie de Meaux : bourgogne ou bordeaux rouges
- Camembert : bordeaux, bourgogne, côtes-du-rhône rouges
- Cantal : beaujolais
- Carré de l'Est : bordeaux, bourgogne, côtes-du-rhône rouges
- Chaource : chablis
- Comté : blanc, rosé, rouge léger
- Coulommiers : côte-de-beaune
- Crottin de Chavignol : sancerre
- Fourme d'Ambert : côtes-du-rhône
- Livarot : vin d'Alsace
- Maroilles : vins rouges corsés
- Munster : vins d'Alsace
- Pont-l'évêque : bordeaux, bourgogne, côtes-du-rhône
- Reblochon : beaujolais
- Roquefort : sauternes, cahors, châteauneuf-du-pape (rouge)
- Saint-nectaire : tous types de vins légers et fruités
- Tomme de Savoie : vins de Savoie

JE DÉCANTE, TU DÉCANTES

Le décantage, ou transfert du vin en carafe, n'est pas toujours utile. En outre, il est bien agréable de voir la bouteille d'origine et son étiquette (question de goût). En réalité, il n'est bon de transférer le vin dans une carafe que dans 2 cas précis :

• Si le vin est vieux, avec un dépôt. Dans ce cas, versez-le très doucement dans un autre récipient jusqu'à ce que le sédiment atteigne le col de la bouteille. Procédez en tenant la bouteille devant une bougie ou toute autre source lumineuse.

• Si un vin est trop jeune, encore dur, fermé, imparfaitement développé, le passage en carafe permettra une aération qui donnera l'illusion de la maturité.

20 FAÇONS DE LE FAIRE TOMBER LES MOUSTACHES EN CROIX

1. Alléchez-le avec votre odeur

L'homme est un être évolué qui aime renifler. Ne masquez pas votre bonne odeur naturelle, mais n'allez pas non plus jusqu'à imiter Gabrielle d'Estrées à qui son amant Henri IV disait : « Ne vous lavez pas ma mie, j'arrive ! »

2. Faites-lui la lecture

Après le repas, nonchalamment allongée sur le canapé, la tête sur ses genoux, lisez-lui des contes érotiques... Quelques pages devraient suffire pour qu'il vous saute dessus.

3. Prenez un bain ensemble

Utilisez des huiles essentielles (rose, jasmin, santal), allumez une profusion de bougies et portez son pouce (de pied) à votre bouche. C'est divin, ludique et érotique !

4. Faites comme en Inde

Si ça vous tente et si vous vous sentez d'humeur exotique, badigeonnez d'extrait de menthe votre nombril et vos aisselles, sans oublier de vous enduire ensuite le lobe des oreilles et le cou de safran et de chypre !

5. Demandez des cadeaux

Il a envie de vous faire plaisir, mais ne sait pas comment s'y prendre et il n'a, le plus souvent, pas beaucoup d'idées (« Encore une écharpe !!! Mais tu te fous de moiiii ? Ouainnnnnn ! »). Demandez-lui des jouets coquins pour que vous puissiez tous deux vous amuser.

6. Ne soyez pas trop subtile

Le mâle ne comprend que les propos expressément clairs. En gros, tout ce qui est simplement suggéré ne passe pas. Pour arriver à vos fins, quelles qu'elles soient, exprimez-vous d'un ton limpide et... câlin.

7. Flattez-le

L'homme aime être mis sur un piédestal. Ne lésinez pas sur les compliments, vous aurez toujours le temps de déboulonner la statue du commandeur de son socle !

8. Roucoulez…

… à son oreille des propositions impossibles à satisfaire, là ! tout de suite ! maintenant !!! Juste pour faire travailler son imagination et lui donner du matériel pour construire quelques fantasmes bien sentis.

9. Portez un soutien-gorge…

… En voile transparent, qui donne l'impression que vous ne portez rien sous votre top. Et un trait de blush entre vos seins pour leur donner de la profondeur !

10. Caressez votre décolleté

Ce qui aura pour effet de durcir la pointe de vos seins. Si la bête est normalement constituée, elle n'aura qu'une seule envie : se jeter sur vous !

11. Jouez la qualité

Pour un top ou une robe sexy, choisissez des matières de qualité. Ce qui est cheap ne pardonne pas, en revanche, paré de cachemire et de soie, votre petit corps de paresseuse sera à croquer.

12. Cachez vos tickets de carte bleue

Conséquence du conseil précédent. Bref, il vaudrait peut-être mieux faire vos comptes au bureau et pensez à mettre les sacs les uns à l'intérieur des autres quand vous rentrez d'une séance shopping ! Jules est un prince, certes, mais pas il n'est pas Rothschild !

13. Soyez gourmande

C'est le moment de montrer toute la sensualité dont vous êtes capable ! L'art de déguster une glace ou des asperges remplace bien des discours. La gourmandise et le plaisir qu'elle suggère… Ah !

14. Prononcez son prénom

Vous attiserez sa flamme. Rien ne s'oppose à ce que vous touchiez légèrement son bras ou sa main quand vous répétez son petit nom. C'est même fortement recommandé !

15. Acquiescez de la tête…

Quand il vous parle, dodelinez de la tête (enfin si vous partagez son avis), sans toutefois ressembler à un chien en plastique sur la plage arrière d'une voiture !

16. Effleurez-le

Violez son espace intime ! En clair, si vous êtes assez près l'un de l'autre pour qu'il puisse vous embrasser, il passera à l'acte !

17. Balancez...

... vos hanches d'une façon sexy quand vous traversez la pièce. Ou encore allongez négligemment vos jambes quand vous êtes assise, elles paraîtront plus longues !

18. Ayez les yeux baladeurs

Laissez errer votre regard sur son visage et son beau petit corps, puis bloquez votre regard dans le sien. Une petite provocation bien innocente mais sacrément efficace.

19. Faites-vous les ongles de pieds

En rouge, de préférence, couleur susceptible d'enflammer votre cher taureau !

20. Ronronnez à son oreille...

... des mots doux, et des choses tendres et coquines. Ben oui, pas la liste des courses ! Et tout ce qui peut s'avouer sans avoir à en rougir, quoique, si vous rougissez, tant mieux, c'est sexy !

chapitre 5

Comment l'achever en « douceurs »

Et si le dessert, c'était vous ?

En bonne paresseuse, vous êtes sensuelle, voluptueuse, charnelle, voire jouisseuse, bref, tout le contraire d'une ascète ! Voici donc quelques définitions (faut pas croire, il y a des nuances), dont vous vous servirez à bon escient pour revendiquer en toutes circonstances votre vraie nature.

Vous êtes une paresseuse sybarite…

… si vous vous adonnez aux plaisirs de la vie dans le luxe et le raffinement, sans trop vous posez de questions.
Le mot *sybarite* fait référence aux habitants de l'antique Sybaris, colonie grecque du sud de l'Italie fondée vers 720 av. J.-C., dont les habitants passaient pour vivre dans la mollesse et la volupté (peut-être un rapport avec la paresse ?). Sybaris était en effet réputée pour sa somptuosité et ses lieux de plaisirs.

Vous êtes une paresseuse hédoniste…

… si votre philosophie de l'existence prône comme principe la recherche du plaisir. En tant qu'hédoniste (le mot vient du grec et signifie « plaisir »), vous n'êtes pas forcément libertine, mais pour ainsi dire « bonne vivante », avec cette petite pointe d'appréhension qui touche à la fragilité des choses agréables que l'on sait éphémères. Vous aimez la bonne chair, les fringues, la déco raffinée, et par-dessus tout la richesse qui permet de se procurer tous ces plaisirs.
L'hédonisme est une philosophie dont le seul principe est le bonheur de l'humain à travers les choses bonnes. Or, ce qui est bon se trouve dans le plaisir. Le plaisir est donc le but suprême de la vie. Vous vous reconnaissez là-dedans ? Non ? ! Ah ben nous, on vous a reconnue en tout cas !…

Vous êtes une paresseuse épicurienne…

… si, selon vous, le vrai plaisir ne peut être atteint que par la raison, la maîtrise de soi et la circonspection.

De fait, l'adjectif *épicurien*, qui désigne couramment « un bon vivant, quelqu'un qui profite de tous les plaisirs de la vie » donne une idée fausse de la morale d'Épicure. Loin d'être le libertin que l'on croit, il conseillait l'apprentissage de la privation. C'est à cette condition, en effet, que le sage s'habituera à se contenter de peu et à goûter chaque menu plaisir de l'existence. Vous vous sentez d'attaque ?

Envoûtez-lui les papilles !

Comment ? Mais avec un dessert « brûlant », bien sûr ! Il n'a pas le bec sucré ? Il préfère un steak bien saignant ou un bon cassoulet toulousain ? Sortez la grosse artillerie ! Votre meilleur argument est encore de lui asséner tout de go que les sucreries sont délicieusement érotiques ! Preuve à l'appui, puisque vous aurez confectionné de vos belles mains un joli gâteau. Les plus réticents des jules auront peut-être besoin d'une solide démonstration et d'une attention particulière, quelques petits jeux érotiques peut-être, ou même un dessert au chocolat irrésistible. Donc, pour le convertir au plaisir :

Racontez-lui avec conviction (tout ou au choix)

• Qu'il y a plus de 2 000 ans, le chocolat occupait déjà une place importante dans la civilisation maya, représentant une promesse de fertilité et de prospérité, une monnaie d'échange précieuse et une offrande commune aux dieux.

• Que dès la période aztèque, le cacao eut la réputation d'être un excitant sexuel et que les Indiens s'enduisaient les zones érogènes d'une bouillie de cacao pour que leurs baisers soient encore plus doux.
• Que depuis son introduction à la cour versaillaise, le chocolat a joui d'un succès indéniable en Europe. En 1624, un théologien fit paraître un écrit condamnant la consommation du chocolat dans les couvents, ce breuvage étant susceptible d'échauffer les esprits et les passions.
• Que la grande période des courtisanes, du XVIIe au XVIIIe siècle, fut propice à une forte consommation de chocolat. Dans son *Traité des aliments*, en 1702, Louis Lemery précise au sujet du chocolat : « Ses propriétés stimulantes sont propres à exciter les ardeurs de Vénus. »
• Que Mme du Barry ne manquait pas de servir une bonne tasse de chocolat mousseux à ses amants.
• Que Mme de Pompadour, si l'on en croit les écrits de Mme de Hausset, absorbait régulièrement des décilitres de chocolat ambré pour s'échauffer le sang, d'autant que Louis XV lui reprochait régulièrement d'être « froide ».
• Que des gravures du XVIIe siècle ou des estampes allemandes du XVIIIe siècle montrent souvent des scènes où l'on peut voir des couples dégustant du chocolat chaud.
• Que Napoléon en consommait quand il livrait bataille. Et que l'on donnait aussi du chocolat aux soldats qui devaient tenir la garde toute la nuit.
• Que les dames de Marseille se souvinrent longtemps du bal sulfureux qu'organisa le Marquis de Sade, qui eut la brillante idée de distribuer à foison des pastilles de chocolat fourrées à la cantharidine, un puissant alcaloïde congestionnant.

Promettez-lui avec ferveur :

• Que les saveurs du chocolat envoûtent totalement. Que les crus forts, bruts, originaires du Venezuela, du Brésil et de Madagascar sont à eux seuls un voyage gustatif. Que certains sont fruités, d'autres amers ou encore corsés, dominantes qui se révèlent au fur et à mesure de la dégustation.

- Qu'il va fondre de plaisir, lui aussi, sous la chaleur du divin chocolat.
- Que vous allez le croquer en duo et que c'est une expérience inoubliable.
- Que le chocolat se prête à bien des jeux coquins et léchouilles sensuelles…

Et aussi que…

Vous pouvez manger du chocolat n'importe quel jour du mois, vous ne tomberez pas enceinte !

Petite astro sexuelle pour découvrir ce qui vous attend au lit

Si Jules est…

Bélier

Légendairement réfractaire au « plus c'est long, plus c'est bon », la bête aime plutôt conquérir, vibrer, jouir ! Désir et plaisirs au quart de tour mettent le feu à ses amours et il confond facilement ébats et combats. Le sexe le mène par le bout du nez et les corps à corps tout feu tout flamme attisent sa flamme. La devise de ce jouisseur de l'instant présent ? Croquer la pomme et pourvu qu'elle soit bonne !

Taureau

Jouisseur, l'animal ! Quand d'autres dévorent la pomme, ce voluptueux préfère en savourer chaque quartier. Quand il s'agit de batifoler, le Taureau est le plus gourmand des amants et il ne s'ennuie jamais sur l'oreiller ! Les cinq sens en émoi, lui seul sait faire de l'érotisme une recette gastronomique, mêlant saveurs, épidermes et odeurs dans un savant remake du Kama-sutra. Il a la sensualité à fleur de peau et, dans le domaine d'Éros, vous ne dénicherez pas meilleur amant !

Gémeaux

Votre Gémeaux est un libertin de l'émotion, un prince de l'Éros ludique, invariablement fan des jeux de l'amour. Il a besoin de séduire, il aime flirter, avancer, reculer et accumuler dédales coquins et jeux fripons. Il opte pour un érotisme ludique et romantique, fait de frôlements, de points d'interrogation et de désirs inachevés, plus que de volupté et d'ivresse. Fantasmes et projections à volonté vous mèneront, quoi qu'il en soit, au grand frisson !

Cancer

Ce prince du câlin est un romantique de l'érotisme. Sa pudeur instinctive le conduit vers une sexualité subtile, tendre et responsable, preuve d'un engagement sentimental plus que d'un laisser-aller des sens. Seul le rêve crée vraiment le désir chez ce doux au cœur tendre et la volupté n'a toujours chez lui pour écho que l'intensité du verbe *aimer*. Pas de marasme des sens, pas d'explosion de plaisir mais le plein de tendresse et d'intimité, bien à l'abri des regards indiscrets…

Lion

Le roi des animaux est mené par un désir de performances dans le domaine d'Éros comme ailleurs. Passionné et magnanime, il ne lésine pas sur les moyens de parvenir à ses fins et ne reste d'ailleurs pas longtemps sur sa faim. Il redouble d'attention dans l'art et la manière de réussir les préliminaires et les exploits à grimper au rideau. Après tout, un lion se doit d'être à la hauteur de sa réputation, il faut qu'il soit le « meilleur coup ». Et la tendresse dans tout ça ?

Vierge

Votre très rationnelle Vierge aurait bien quelque mal à se lâcher, aussi faut-il d'abord le rassurer. C'est un amoureux conventionnel, prudent, qui préfère maîtriser que se laisser aller. Et comme contrôle de soi et érotisme ne font pas bon ménage, il faut que M. Vierge se laisse apprivoiser pour parvenir à goûter à la volupté. Un conseil : laissez tomber les exploits débridés et vous le verrez s'épanouir dans une délicieuse vague de plaisir. Si vous parvenez à en faire une Vierge folle, vos nuits le seront aussi !

Balance

Votre Balance est un esthète, mais c'est également un cérébral du plaisir qui n'abondera en caresses qu'après avoir atteint l'harmonie des cœurs. Pour lui, l'érotisme donne dans l'art et la manière, et le sexe n'est que le délicieux prolongement d'une vraie complicité et de voluptueuses affinités... à développer sur l'oreiller. Pas question de sexe débridé ou de malentendu pervers pour cet adepte du plaisir courtois et des corps à corps ton sur ton !

Scorpion

Champion de l'érotisme brûlant notre Scorpion ! Décoiffant, ébouriffant, il donne dans les frissons et l'extase. Évidemment ses ébats ont un petit goût de combat. Un ouragan de sensations fortes le poursuit jusqu'à l'oreiller et il risque souvent de se noyer (et vous aussi) dans les vertiges sensuels de l'amour et de ses tortueux détours.

Sagittaire

Pour le Sagittaire, le sexe est aussi naturel et spontané que de respirer ! Pas de problème à l'horizon, pas de prise de tête, du plaisir sans tabou à s'accorder à volonté. L'érotisme est un très vaste continent dont votre explorateur sans pudeur et sans reproche n'a pas fini de faire le tour. Ces vagues de plaisir sans frontières ne sont d'ailleurs là que pour élargir ses horizons amoureux, car sachez-le, la fidélité des corps n'est pas forcément dans son répertoire…

Capricorne

Votre Capricorne est un traditionnel de la bagatelle. Il n'est pas porté sur l'extraversion et c'est seulement dans l'intimité qu'il réussit à se lâcher. Confiance, mots doux et pudeur auront pourtant raison de ses inhibitions. Mais gare, on dit qu'il n'y a pas plus chaud qu'un Capricorne apprivoisé ! Le feu couve sous la glace et vous vous féliciterez délicieusement d'avoir peaufiné les travaux d'approche !

Verseau

Votre Verseau transforme la sensualité en éclat de rire. Il aime d'ailleurs vivre en toute légèreté ce genre de situation… Pour lui, le sexe est un sport coquin, une fête des sens et un jeu fripon. Cette escalade de plaisir pimentée d'humour ne se vit qu'en pleine complicité et le joyeux luron de l'émotion fait du sexe la cerise sur le gâteau de l'amour. Vive les lendemains sexy qui chantent !

Poissons

Sensuel, le poiscaille ! Par conséquent, caressé dans le sens des écailles, il n'est pas difficile à conquérir. Un poisson n'a jamais vraiment le contrôle de la situation et la moindre entreprise voluptueuse fait chez lui office de lame de fond. La véritable histoire d'Ô est celle d'un Poissons perturbé par un océan de sensations, parcouru par une délicieuse onde de frissons, englouti par une vague de volupté ou pris dans les filets d'un érotisme envahissant...

7 ruses de paresseuse pour parachever la besogne

1. Mangez avec sensualité

Quand vous mangez un fruit, par exemple, laissez couler une goutte du jus de pêche, de raisin ou de fraise sur vos lèvres... Torride !

2. Annoncez-lui tout de go...

... « Hé ! chéri, aujourd'hui c'est samedi, jour de gâterie ! » D'accord, les rituels en matière de câlins, ce n'est pas toujours excitant. Vous croyez que le désir ne réside que dans l'imprévu ? Détrompez-vous... Annoncer un programme coquin à son homme peut faire monter le désir en moins de temps qu'il ne faut pour le dire (surtout si vous lui dites ce que vous avez l'intention de lui faire !).

3. Repoussez l'échéance

Vous vous souvenez du film *40 jours et 40 nuits*, dans lequel le héros tombe amoureux alors qu'il a fait vœu d'abstinence ? Pour respecter son engagement, il se contente de passer une fleur sur le corps presque nu de sa dulcinée. Appropriez-vous cette scène, en jouant avec le feu de son désir. Provoquez, excitez, stimulez et arrêtez-vous au moment fatidique !

4. Inventez des scénarios sexy

Le plaisir, c'est d'abord dans la tête. Profitez de l'occasion pour vous glisser dans la peau de votre personnage préféré au moyen d'un jeu de rôle. Le scénario est libre, à vous de jouer ! Qu'est-ce que ça apporte ? Une bonne dose d'éclats de rire !

5. Dites-lui « je t'aime » avec un dessert

Posez votre dessert sur la table et dites-lui « je t'aime » en le regardant dans les yeux. Et, comme disait Gainsbourg, si cela ne marche pas, alors là, foutez-le dehors !

6. Tournez autour du pot

Après tout les filles trop sympas ne font pas forcément fantasmer. Soyez insaisissable et mystérieuse, soufflez le chaud et le froid, soyez câline puis distante, une méthode risquée, mais qui a fait ses preuves !

7. Caressez-le dans le sens du poil

Il répare son moteur de scooter avec la même aisance que vous mettez du mascara ? Regardez-le dans les yeux et dites : « Mais comment tu fais pour réparer un moteur, t'es vraiment trop balèze ! » Rien de tel pour rendre Jules béat de bonheur.

SUBLIME

Un slow très chaud pour terminer votre soirée ? *Keeper of the Flame* par Nina Simone

20 desserts un peu sorciers pour le sacrifier sur l'autel du plaisir

Jules Barbey d'Aurevilly disait que « le plaisir est le bonheur des fous, le bonheur est le plaisir des sages ». Vous la sentez, la bonne odeur de chocolat ? Est-ce que vous avez vraiment le cœur à être sage ? Allez, il est temps de succomber à cette douce folie.

1. Bâtonnets enjôleurs pour dames

Pour 2 personnes

- 1 verre de lait entier
- 1 verre de crème fleurette
- 2 jaunes d'œuf
- 1 c. à soupe de sucre en poudre
- 1 filament de safran
- 1 c. à café de graines de sésame noir

1. Faites bouillir le lait entier avec la crème fleurette. Réservez.
2. Fouettez les 2 jaunes d'œufs avec le sucre en poudre, le safran et les graines de sésame. Ajoutez le mélange de lait et de crème, puis faites cuire l'ensemble en remuant jusqu'à épaississement de la sauce.
3. Laissez refroidir la préparation dans un saladier avant de la verser dans des moules à sucettes. Enfoncez-y des bâtonnets et réservez les sucettes glacées au congélateur durant 2 h au moins.

Le petit plus érotique de la paresseuse

Le composant principal des graines de sésame est une huile qui permet la diminution du cholestérol, mais qui sert aussi d'huile de massage. D'ailleurs, pourquoi ne pas imaginer un massage érotique après votre dîner ?

2. Cœurs grisants en chocolat à la gelée de framboise

Pour 2 personnes

- 150 g de chocolat noir
- 1 paquet de palets au beurre
- 4 c. à soupe de confiture de gelée de framboise
- 1 grand verre de lait entier
- 50 g de beurre
- Quelques framboises fraîches ou surgelées
- 1 c. à soupe de copeaux de chocolat pour la déco

1. Coupez le chocolat en petits morceaux.
2. Écrasez les palets et disposez-les au fond de moules individuels (en forme de cœur, c'est mieux !). Mettez dessus une fine couche de gelée de framboise et placez au réfrigérateur.
3. Faites bouillir le lait, ajoutez le chocolat en morceaux et mélangez bien. Incorporez ensuite le beurre. Amalgamez le tout.
4. Sortez les moules du réfrigérateur et versez dessus la crème au chocolat.
5. Laissez prendre de 2 à 3 h au réfrigérateur. Démoulez les cœurs, et décorez avec quelques framboises et des copeaux de chocolat.

Le petit plus érotique de la paresseuse

Ah ! le chocolat !... Divin, moelleux, sensuel, profond, noir, somptueux, gratifiant, puissant, dense, crémeux, séducteur, suggestif, riche, excessif, soyeux, doux, luxueux, délicieux, exquis, enchanteur, céleste...Que d'adjectifs pour le définir !

3. Tétons d'Aphrodite impudiques

Pour 2 personnes

- 50 g de beurre
- 100 g de noix de coco râpée + 20 g
- 30 g de sucre semoule
- 1 œuf
- 150 g de farine de riz gluant
- Quelques groseilles

1. Faites fondre le beurre sans le laisser brûler. Retirez-le du feu et incorporez la noix de coco râpée, le sucre semoule et l'œuf. Battez au fouet et réservez la préparation durant 20 min au congélateur.
2. Tamisez la farine de riz gluant et versez dessus 2 verres d'eau bouillante de manière à former, du bout des doigts, une pâte souple et homogène. Divisez-la en 6 disques d'environ 10 cm de diamètre.
3. Sortez la farce à la noix de coco du congélateur et divisez-la en 6 boulettes. Enveloppez chaque boulette de farce dans 1 disque de pâte.
4. Portez une grande casserole d'eau à ébullition. Plongez-y les boulettes et laissez-les cuire pendant 5 min. Égouttez-les et roulez-les dans la noix de coco râpée restante.
5. Posez une petite groseille sur chaque boulette. Servez tiède.

Le petit plus érotique de la paresseuse

Les Japonaises font un usage très glamour du riz gluant, pourquoi pas vous ?

4. Baisers sucrés ensorceleurs

Pour 2 personnes

- 2 œufs
- 50 g de beurre salé
- 60 g de sucre semoule
- 60 g de farine
- Quelques gouttes de colorant alimentaire rouge
- 80 g de chocolat noir à 70 % de cacao
- 30 cl de lait entier
- 1 petite pincée de piment concassé

1. Sortez les œufs et le beurre salé du réfrigérateur 1 h avant de commencer.
2. Travaillez le beurre mou avec le sucre semoule, puis ajoutez 2 blancs d'œufs en fouettant le tout. Lorsque la pâte est homogène, versez la farine tamisée et le colorant alimentaire. Mélangez et laissez reposer pendant 30 min au frais.
3. Préchauffez le four à 180 °C (th. 6). Placez une feuille de papier cuisson sur une plaque à four. Étalez la pâte et découpez des petites langues de 5 cm de largeur. Enfournez. Lorsqu'elles commencent à dorer, sortez-les du four et laissez-les refroidir. Conservez-les dans une boîte hermétique afin qu'elles restent croquantes.
4. Râpez le chocolat noir, puis faites-le fondre dans le lait en le fouettant.
5. Hors du feu, ajoutez, toujours en fouettant, 1 jaune d'œuf et la poudre de piment. Le chocolat doit être mousseux et onctueux.
6. Trempez les petites langues roses dans le chocolat pimenté et dégustez-les à deux.

Le petit plus érotique de la paresseuse

D'après un chercheur italien, les femmes qui croquent du chocolat tous les jours auraient plus de désir sexuel que les autres. Excellente nouvelle pour les paresseuses !

5. Financiers à la rose nommés Désirs

Pour 2 personnes

- 30 g de farine tamisée
- 70 g de poudre d'amandes
- 40 g de sucre glace
- 2 blancs d'œufs
- 7 à 8 gouttes d'essence de roses
- Quelques gouttes de colorant alimentaire rose
- 50 g de beurre

1. Préchauffez le four à 220 °C. Mélangez la farine et la poudre d'amandes tamisées, ainsi que le sucre glace de manière à obtenir un mélange sec homogène.
2. Ajoutez les blancs d'œufs et mélangez. Versez l'essence de roses, quelques gouttes de colorant et le beurre fondu. Mélangez le tout délicatement à la spatule.
3. Remplissez les petites empreintes d'un moule à financiers. Enfournez durant 5 min à 220 °C, puis 10 min à 180 °C.
4. Conservez vos financiers dans une boîte bien fermée après refroidissement si vous les faites à l'avance.

Le petit plus érotique de la paresseuse

Avec la couleur rose, jouez la carte de l'ambiguïté. En effet, le rose est une couleur qui symbolise l'ingénuité, la candeur et la pureté. Mais au cours du XIXe siècle, le rose est passé de la candeur à la perversité. Son symbolisme a évolué vers tout ce qui a trait au plaisir sexuel et à l'érotisme : carré rose pour les films pornographiques, téléphone rose, messagerie rose, etc.

6. Biscuits débauchés au gingembre confit

Pour 15 biscuits

- 50 g de beurre
- 50 g de sucre
- 1/2 c. à café de gingembre en poudre
- 1 pincée de sel
- 1 œuf
- 1 c. à café d'extrait de vanille
- 1 c. à café de levure
- 100 g de farine
- 25 g de gingembre confit
- Un peu de sucre glace

1. Préchauffez le four à 180 °C.
2. Fouettez le beurre avec le sucre. Quand le mélange est bien crémeux, ajoutez le gingembre en poudre et le sel. Battez bien. Ajoutez l'œuf, la vanille, la levure et la farine. Fouettez.
3. Ajoutez les morceaux de gingembre confit. Formez des boules et placez-les espacées sur une plaque de cuisson recouverte de papier sulfurisé.

4. Faites cuire de 10 à 15 min, ou jusqu'à ce que les bords commencent à dorer. Laissez un peu refroidir sur une grille, puis saupoudrez du sucre glace.

Le petit plus érotique de la paresseuse

Faites-lui encore le coup du gingembre ! Voilà probablement l'un des seuls aliments qui peut s'enorgueillir d'avoir une réelle action « mécanique ». La traduction de son nom chinois *cheng kiang* signifie littéralement « virilité ». Sa consommation provoque en effet un afflux sanguin et l'apparition de bouffées de chaleur. Servir une boisson ou un plat agrémenté de gingembre est donc sans équivoque. D'autant que ce condiment supprimerait également les maux de tête. Aucune excuse donc…

7. Pommes d'amour troublantes

Pour 2 pommes d'amour

- 2 pommes golden
- 20 g de beurre
- 50 g de sucre en poudre
- 1 petit bâtonnet de cannelle
- 1 c. à café de colorant rouge alimentaire
- 1 c. à café de jus de citron

1. Lavez les pommes et retirez-leur la queue. Plantez un petit bâtonnet en bois dans chacune.
2. Faites fondre le beurre dans une casserole à feu doux. Ajoutez le sucre, le jus de citron, un peu d'eau et la cannelle. Mélangez bien pour dissoudre le sucre dans le liquide. Laissez réduire et légèrement caraméliser. Il faut que la texture se situe entre le caramel et le sirop.

3. Ajoutez le colorant alimentaire. Retirez la cannelle et trempez bien chaque pomme dans le sirop.
4. Laissez refroidir et durcir en laissant les pommes pendre, bâtonnet vers le haut.

Le petit plus érotique de la paresseuse

Croquer la pomme : tout un programme ! En Grèce, il était de coutume que les mariés se partagent une pomme le jour de leurs noces, avant de rentrer dans la chambre nuptiale. De même, envoyer des pommes à quelqu'un ou encore en lancer à ses pieds était une marque d'amour. Gaia, déesse de la terre, offrit à Héra une pomme pour son mariage avec Zeus. En Irlande, les îles Fortunées, où l'on connaissait l'éternelle jeunesse sous le gouvernement de femmes merveilleuses, s'appelaient îles aux pommiers.

8. Tarte jouisseuse au chocolat blanc et à la noix de coco

Pour 6 personnes

- 1 rouleau de pâte sablée préétalée
- 20 g de beurre
- 2 œufs
- 1 c. à soupe de jus de citron
- 20 cl de crème fraîche épaisse
- 100 g de noix de coco râpée
- 1 tablette de chocolat blanc

1. Déroulez la pâte dans un moule à tarte beurré de 28 cm de diamètre et piquez-la à l'aide d'une fourchette. Recouvrez-la de papier cuisson, puis de haricots secs pour qu'elle ne gondole pas. Faites-la cuire à

210 °C (th. 7) pendant 10 min. Retirez les poids ainsi que le papier cuisson et poursuivez la cuisson devant 3 min. Laissez refroidir.
2. Mélangez les œufs, le jus de citron, la crème fraîche, 90 g de noix de coco râpée et le chocolat que vous aurez préalablement fait fondre, afin d'obtenir une pâte lisse et homogène. Versez le tout sur le fond de tarte et faites cuire celle-ci dans le four tempéré à 180 °C (th. 6) pendant 20 min.
3. Servez tiède de préférence, parsemez un peu de noix de coco râpée, et ne dévorez pas toute la tarte ! Gardez ce qu'il reste pour les enfants, les copines ou le petit déjeuner de Jules le lendemain !

Le petit plus érotique de la paresseuse

La noix de coco a suscité bien des légendes à travers le monde. Elle est considérée par les hindous comme la forme la plus pure d'offrande aux dieux. Ne possède-t-elle pas en effet trois yeux : les deux yeux physiques de l'homme et son troisième œil, symbole de la conscience ? Et si avec tout cela, Jules n'atteint pas le nirvana, rendez votre tablier !

9. Tartare faussement décent de poires aux airelles

Pour 2 personnes

- 1 c. à soupe de sucre roux en poudre
- 1 gousse de vanille
- 1 grosse poire bien mûre
- 1 c. à soupe de jus de citron
- 40 g d'airelles au sirop ou surgelées

1. Mélangez 1 verre d'eau et le sucre roux dans une casserole. Fendez la gousse de vanille dans le sens de la longueur et grattez les graines à l'aide

de la pointe d'un couteau. Ajoutez-les au mélange sucré. Portez le tout très lentement à ébullition, en remuant constamment le mélange, puis retirez-le aussitôt du feu. Couvrez et laissez infuser.
2. Au-dessus d'un saladier, pelez la poire, coupez-la en 2 et retirez-lui les pépins et le cœur. Détaillez ensuite les morceaux en petits dés. Déposez les petits dés de poires dans un bol et arrosez le tout avec le jus de citron (pour éviter qu'ils ne noircissent). Réservez.
3. Incorporez ensuite les petits dés de poires dans le sirop vanillé et mélangez-les. Remettez à cuire et portez à ébullition en remuant. Dès ébullition, retirez du feu et réservez en couvrant.
4. Égouttez les airelles et ajoutez-les à votre sirop, puis laissez refroidir la préparation.
5. Répartissez dans des petites coupelles en verre le tartare de poire et d'airelles et servez-les à température ambiante. Décorez éventuellement le tartare avec quelques airelles entières.

Le petit plus érotique de la paresseuse

Le rouge des airelles sur fond blanc de poire virginale est une combinaison gagnante. Le rouge attise le désir. Dans la symbolique occidentale, il renvoie à l'amour, la passion, le sang, l'érotisme, la régénérescence (le phénix), la chaleur, l'appétit, la vie, la force vitale, la fête, le spectacle (décoration des théâtres et des opéras rouge et dorée), le luxe, la richesse, les émotions (timidité, plaisir, désir), l'amour divin... Enfin convaincue ?

10. Cake d'amour de Peau d'âne

Pour 6 personnes

- 170 g de farine
- 4 œufs frais
- 20 cl de lait (bien crémeux s'il vous plaît)

- 100 g de sucre
- 70 g de beurre
- 1/2 sachet de levure
- 1 c. à café de miel
- 1 pincée de sel
- 1 présent pour votre fiancé

1. Préparez votre pâte
Dans une jatte plate
Et sans plus de discours
Allumez votre four
2. Prenez de la farine
Versez dans la terrine
Quatre mains bien pesées
Autour d'un puits creusé
3. Choisissez 4 œufs frais
Qu'ils soient du matin faits
Car à plus de 20 jours
Un poussin sort toujours
4. Un bol entier de lait
Bien crémeux s'il vous plaît
De sucre parsemez
Et vous amalgamez
5. Une main de beurre fin
Un souffle de levain
Une larme de miel
Et un soupçon de sel
Il est temps à présent
Tandis que vous brassez
De glisser un présent
Pour votre fiancé

6. Un souhait d'amour s'impose
Tandis que la pâte repose
Lissez le plat de beurre et laissez cuire 1 h (40 min à 180 °C suffisent).

Le petit plus érotique de la paresseuse

Cette recette est une retranscription des paroles de la chanson interprétée par Peau d'âne (Catherine Deneuve) dans le film éponyme de Jacques Demy. Si votre Prince veut un gâteau, revêtez votre plus belle peau d'âne et mettez-vous dare-dare à l'ouvrage !

11. Pêches luxurieuses au sirop d'épices

Pour 2 personnes

- 1 c. à soupe de sucre en poudre
- 2 verres d'eau
- 1 étoile de badiane
- 1 pincée de cannelle
- 1/2 gousse de vanille
- 1 grosse pêche
- 100 g de glace à la vanille
- Quelques feuilles de menthe

1. Versez le sucre dans une casserole. Ajoutez 2 verres d'eau, l'étoile de badiane et la cannelle. Fendez la demi-gousse de vanille en 2 et récupérez les graines que vous ajouterez dans le mélange.
2. Faites dissoudre le sucre, puis portez à ébullition. Laissez cuire à feu doux pendant 10 min.

3. Pendant ce temps, pelez et coupez la pêche en 2. Ôtez le noyau puis plongez les oreillons de pêches dans le sirop aux épices. Faites-les cuire pendant 10 min en retournant régulièrement et délicatement les morceaux.
4. Égouttez les oreillons de pêches et placez-les sur 2 assiettes, face bombée sur le dessus. Nappez-les de sirop. Déposez ensuite sur chaque oreillon 1 petite boule de glace à la vanille. Servez le dessert aussitôt avec des feuilles de menthe en guise de décoration.

Le petit plus érotique de la paresseuse

Et si le fruit de l'érotisme était une pêche ? Après tout, pourquoi serait-ce une pomme, ce fruit qu'Ève aurait cueilli sur l'Arbre de la Connaissance ? En fait, la Bible ne donne pas de nom précis au fruit, et dans la partie du monde où les faits ont dû se dérouler, il fait bien trop chaud pour que poussent des pommiers. Les paris sont ouverts…

12. Esquimaux désirables aux fraises

Pour 2 personnes

- 8 fraises
- 2 yaourts brassés
- 1 c. à soupe de sucre
- 1 c. à soupe de sirop de fraise
- 1 c. à café de sucre rose

1. Coupez les fraises en tous petits morceaux.
2. Versez les yaourts dans un saladier. Ajoutez le sucre, le sirop de fraise et les morceaux de fraises. Mélangez bien.
3. Répartissez la préparation dans des petits moules à Esquimaux, mettez les couvercles et enfoncez les bâtons. Placez les moules au congélateur durant 4 h.

4. Sortez les Esquimaux 5 min avant de les servir et saupoudrez-les de sucre rose.

Le petit plus érotique de la paresseuse

Les femmes esquimaudes, pour stimuler le sexe masculin, ont une pratique ancestrale : le placer dans un fourreau en peau de phoque gelée. Il paraît que le froid provoque des picotements qui donnent des idées coquines aux mâles esquimaux… Vous ne trouvez plus votre peau de phoque ? Essayez avec un gant de toilette et quelques glaçons… À vos risques et périls !

13. Crème câline tout de gingembre vêtue

Pour 2 personnes

- 1 morceau de gingembre frais de 1 cm
- 1 verre de lait entier
- 15 cl de crème fleurette
- 3 jaunes d'œufs
- 30 g de sucre en poudre
- 1 c. à café de gingembre en poudre
- 10 g de gingembre confit (facultatif)

1. Préchauffez le four à 200 °C (th. 7).
2. Pelez le gingembre frais et coupez-le en petits cubes. Faites bouillir le lait et la crème fleurette. Éteignez le feu dès le premier bouillon. Mettez les cubes de gingembre dans ce bouillon hors du feu et laissez infuser la préparation durant 10 min.
3. Battez les jaunes d'œufs en y ajoutant le sucre et le gingembre en poudre, jusqu'à ce que le mélange blanchisse. Passez le lait au chinois et ajoutez-le à votre préparation.

4. Répartissez le mélange dans 2 ramequins et mettez-les au four durant 15 min. Les crèmes sont cuites quand elles sont encore un peu tremblotantes. Laissez-les refroidir puis placez-les au réfrigérateur pendant au moins 2 h.
5. Avant de servir décorez vos ramequins avec du gingembre confit.

Le petit plus érotique de la paresseuse

Gingembre, cannelle et muscade sont des épices qui ont des propriétés vasodilatatrices, provoquant un afflux de sang dans le bassin ! Le gingembre a la réputation d'être torride. Pour exploiter ses propriétés échauffantes, on doit l'employer séché.

14. Petits mi-cuits caressants au chocolat amer

Pour 2 personnes

- 40 g de beurre coupé en petits dés + 20 g pour les ramequins
- 100 g de chocolat noir
- 2 œufs
- 40 g de sucre
- 1 c. à soupe de farine

1. Préchauffez le four à 240 °C et beurrez 2 petits moules à muffins ou 2 ramequins.
2. Faites fondre le chocolat cassé en morceaux (réservez 4 carrés pour plus tard) et le beurre découpé en petits dés au bain-marie ou au micro-ondes en veillant à ce que le mélange ne brûle pas. Lissez celui-ci à la spatule pour obtenir une pommade.
3. Fouettez les œufs et le sucre, incorporez la farine tamisée puis la crème au chocolat. Versez la moitié de la préparation dans les moules,

mettez 2 carrés de chocolat au milieu de chaque ramequin et versez le reste de la préparation. Enfournez pendant 10 min.

4. Laissez les mi-cuits refroidir durant 5 min hors du four et démoulez-les délicatement. Vous pouvez parfaitement les servir avec des myrtilles ou un mélange de fruits rouges.

Le petit plus érotique de la paresseuse

Vous trouverez sur Internet ou dans les *love shops* des grandes villes des tubes de peinture au chocolat (avec pinceau) ! Ainsi pourrez-vous tartiner les abdos (euh...les bourrelets ?) de Jules pour un massage érotique au chocolat ou écrire délicatement sur l'endroit de votre choix avec le pinceau. En plus, vous pourrez le lécher par pure gourmandise !

C'EST ENCORE MEILLEUR...

Pour rehausser le parfum du chocolat, rien de tel qu'une pincée de sel. Vous pouvez utiliser du beurre salé dans la recette ou parsemer les gâteaux d'une pincée de fleur de sel au moment de servir.

15. Bonbons libidineux de raisin au chocolat

Pour 20 bonbons

- 60 g de chocolat noir pâtissier
- 40 g de beurre salé coupé en petits cubes
- 20 gros grains de raisin
- 1 c. à café d'éclats de pistaches émondées non salées
- 1 c. à café d'éclats d'amandes émondées non salées

1. Faites fondre le chocolat cassé en morceaux et le beurre au micro-ondes à basse puissance ou au bain-marie en veillant à ce que le mélange ne brûle pas.
2. Piquez un cure-dent dans chaque grain de façon à pouvoir les manipuler comme des sucettes. Trempez-les dans le chocolat et faites-les tourner de manière à en recouvrir toute la surface. Piquez les cure-dents dans un socle en polystyrène ou un gros fruit de votre choix, pour faire tenir les grains debout sans endommager l'enrobage.
3. Parsemez les grains avec des éclats de pistaches et d'amandes. Placez-les au réfrigérateur pendant 2 h pour que le chocolat se fige, puis détachez les raisins de leurs pics et présentez-les dans un joli ravier comme des bonbons.

Le petit plus érotique de la paresseuse

Vous pouvez décliner cette recette avec du chocolat blanc (n'ajoutez pas de beurre dans ce cas et faites fondre à très basse température) éventuellement teinté de quelques gouttes de colorant alimentaire. Vous pouvez également saupoudrer des copeaux de noix de coco, de la poudre de noisettes, des éclats de sucre coloré... Tout est permis quand on est gourmand !

16. Coupes sensuelles

Pour 2 personnes

- 100 g de fraises
- 100 g de framboises
- 100 g de fraises des bois (si vous en trouvez)
- 2 œufs
- 1 pincée de sel
- 2 c. à soupe de sucre en poudre
- 100 g de mascarpone

- 1 c. à soupe de jus de citron
- 1 douzaine de biscuits à la cuillère

1. Lavez, équeutez et mélangez tous les fruits ou faites-les décongeler s'ils sont surgelés.
2. Séparez les blancs d'œufs des jaunes. Mettez 1 pincée de sel dans les blancs et montez-les en neige ferme. Fouettez les jaunes et le sucre jusqu'à ce que le mélange blanchisse. Incorporez le mascarpone, puis, délicatement, les blancs en neige.
3. Versez le jus de citron dans un plat. Ajoutez la même quantité d'eau. Trempez rapidement et un par un les biscuits dans ce mélange.
4. Au fond de chaque coupe ou verrine, disposez 3 biscuits. Versez un peu de crème, recouvrez-la de fruits rouges mélangés et recommencez l'opération une seconde fois avec 3 nouveaux biscuits. Placez le résultat au réfrigérateur jusqu'au moment de le servir.

Le petit plus érotique de la paresseuse

« Nous aurons des lits pleins d'odeurs légères,
Des divans profonds comme des tombeaux,
Et d'étranges fleurs sur des étagères,
Écloses pour nous sous des cieux plus beaux. »
(Charles Baudelaire, *Les Fleurs du mal*)
Magnifique, n'est-il point ?

17. Mousse sybarite aux fruits de la Passion

Pour 2 personnes

- 2 fruits de la Passion
- 1 feuille de gélatine

- 20 g de sucre en poudre
- 25 cl de crème fraîche liquide

1. Coupez les fruits de la Passion en 2. À l'aide d'une petite cuillère, recueillez la pulpe juteuse dans une passoire à gros trous placée au-dessus d'un saladier. Jetez les pépins retenus dans la passoire.
2. Faites ramollir la feuille de gélatine dans un bol d'eau froide.
3. Mettez le sucre, le jus des fruits et 10 cl d'eau dans une casserole. Laissez chauffer pendant 5 min, jusqu'à ce que la consistance devienne sirupeuse. Essorez la gélatine et faites-la dissoudre dans le sirop. Laissez refroidir.
4. Fouettez la crème fraîche liquide jusqu'à ce qu'elle soit ferme et mousseuse. Incorporez-la délicatement au sirop.
5. Répartissez la mousse dans les 2 ramequins et mettez-la au réfrigérateur pendant au moins 2 h.

Le petit plus érotique de la paresseuse

Ah, le fruit de la Passion, à la chaire juteuse et fraîche, quand perle sa rosée, en goutte riche et tendre…

18. Crème brûlée orgiaque aux myrtilles

Pour 2 personnes

- 1/2 gousse de vanille
- 25 cl de crème fleurette
- 3 jaunes d'œufs
- 25 g de sucre
- 100 g de myrtilles ou de framboises selon votre goût
- Un peu de cassonade (sucre roux)

1. Préchauffez le four à 160 °C.

2. Fendez la demi-gousse de vanille en 2 dans le sens de la longueur et grattez les graines. Dans une casserole, faites chauffer la crème dans laquelle vous aurez ajouté les graines de vanille et portez cela à petite ébullition.
3. Dans un saladier, mélangez les jaunes et le sucre. Versez le mélange sur la crème en battant au fouet, puis retirez-le du feu et filtrez-le dans un chinois.
4. Répartissez les myrtilles dans 2 ramequins, versez le mélange dessus et placez-les au bain-marie dans un plat allant au four. Enfournez pour 25 min.
5. Laissez refroidir la préparation puis mettez-la au réfrigérateur pendant 3 h.
6. Au moment de servir, saupoudrez chaque ramequin de cassonade et caramélisez-les au chalumeau de cuisine.

Le petit plus érotique de la paresseuse

Une recette à tomber à la renverse ! Ça tombe bien, non ?

19. Tiramisu irrésistible aux fraises

Pour 2 personnes

- 200 g de fraises
- 2 œufs
- 30 g de sucre
- 150 g de mascarpone
- 1 petite pincée de sel
- 1 douzaine de boudoirs
- 1 verre de liqueur de fraise

1. Équeutez et lavez les fraises, puis coupez-les en petits dés. Séparez les blancs des jaunes d'œufs.
2. Fouettez les jaunes avec le sucre jusqu'à ce que le mélange blanchisse, puis mélangez celui-ci au mascarpone et placez cela pendant 5 min au congélateur.

3. Montez les blancs en neige ferme avec 1 petite pincée de sel et ajoutez-les délicatement au mélange à base de mascarpone.
4. Trempez rapidement les biscuits dans la liqueur de fraise allongée d'un peu d'eau et posez-les au fond d'un moule ou de verrines. Déposez la crème sur les biscuits et recouvrez celle-ci de fraises. Recommencez jusqu'en haut du moule en terminant par la crème.
5. Placez le tout au réfrigérateur durant au moins 3 h pour que le mélange devienne ferme. Au moment de servir, décorez le dessus avec quelques petits cubes de fraise. Vous pouvez aussi utiliser des framboises pour cette recette.

Le petit plus érotique de la paresseuse

Au XVIIIe siècle, on nommait « fraises » les tétons des femmes – ce qui conduisit à l'expression « aller aux fraises », un synonyme de « flirter ».

20. Madeleines libertines du petit Marcel (Proust, *of course*)

Pour 10 madeleines

- 75 g de beurre coupé en petits dés
- 2 œufs
- 50 g de sucre en poudre
- 1 sachet de sucre vanillé
- 75 g de farine
- 1/4 de levure chimique en sachet
- Le zeste finement râpé de 1/2 citron non traité

1. Préchauffez le four à 220 °C.
2. Faites fondre le beurre au micro-ondes durant 30 s sans le brûler.

3. Dans une jatte battez les œufs, le sucre et le sucre vanillé jusqu'à ce que le mélange blanchisse. Ajoutez la farine et la levure, mélangez. Ajoutez le zeste de citron et mélangez, puis ajoutez petit à petit le beurre. Conservez un peu de beurre fondu dont vous vous servirez pour beurrer les moules à madeleine. En refroidissant, le beurre doit prendre et la pâte qui est assez liquide au départ doit se densifier. Au besoin, mettez la jatte avec la pâte durant 1/4 d'h au réfrigérateur le temps que le beurre fondu refroidisse et produise son effet sur le mélange.
4. Beurrez les moules à madeleine au pinceau avec le beurre fondu restant. Placez dans chaque moule à madeleine une noix de pâte d'un volume équivalent à la moitié du moule. Enfournez les moules pendant 7 à 10 min, en surveillant la cuisson. Au bout de 3 à 5 min, le centre de la madeleine forme une petite dépression. Baissez alors le thermostat du four à environ 190 °C et poursuivez la cuisson.
5. Lorsque les madeleines sont bien dorées et bombées, sortez-les du four et démoulez-les immédiatement sur une grille pour les laisser refroidir.

Le petit plus érotique de la paresseuse

« … Mais à l'instant même où la gorgée mêlée des miettes du gâteau toucha mon palais, je tressaillis, attentif à ce qui se passait d'extraordinaire en moi. Un plaisir délicieux m'avait envahi, isolé, sans la notion de sa cause […]. D'où avait pu me venir cette puissante joie ? » L'extase de la madeleine, vous avez essayé ? Il paraît que c'est mieux que le tantrisme !

Vous reprendrez bien un peu de vin ?

La plupart des desserts sont dominés par un goût sucré qui risque de détruire les saveurs et les arômes du vin. Il faut donc éliminer les rouges et les blancs secs pour privilégier les vins moelleux et liquoreux. Les

pâtisseries « sèches « (biscuits, génoises...) et les pâtes à chou admettent le champagne et les vins pétillants régionaux. Le chocolat est redoutable à cause des saveurs sucrées et amères du cacao – rares sont les vins qui peuvent se mesurer à lui ! Deux solutions : faire des accords par analogie avec les vins doux naturels (muscat, banyuls, maury, rasteau et porto) ou des accords par antithèse (pinot et floc de Gascogne).
En règle générale, pour que le sucre du dessert n'efface pas le caractère du vin, ce dernier doit renchérir par la douceur. Plus le dessert est sucré, plus le vin doit être doux, voire liquoreux.

Les accords – presque parfaits – de la paresseuse

- Bavarois : muscat
- Charlotte aux fruits rouges : champagne rosé
- Charlotte aux poires : côtes de Montravel, gaillac moelleux
- Chocolat, desserts au chocolat : tokay, banyuls, porto *tawny* âgé, vin de Samos
- Clafoutis aux cerises : muscat d'Alsace, banyuls
- Crème renversée, caramel : cassis blanc, vouvray
- Desserts meringués : tokay escenzia, pinot gris en sélection de grains nobles, madère malmsey
- Forêt-noire : floc de Gascogne, marc du Jura
- Fraises nature : gewurztraminer vendanges tardives, bordeaux ou bourgogne rouge, pineau des Charentes
- Fraisier : maury, rasteau
- Gâteaux aux fruits, à la crème fraîche : vins doux de Loire
- Gâteau de noix, pithiviers : sauternes, château-chalon
- Glaces : de l'eau (c'est tout !)
- Macarons : montlouis, bonnezeaux, blanquette de Limoux
- Millefeuille au chocolat : muscats de Lunel et de Mireval, liqueurs à l'orange

- Œufs à la neige, île flottante : pinot gris vendanges tardives, banyuls, orvieto, jurançon moelleux, côteaux du Layon, loupiac, sainte-croix-du-mont
- Orange, citron : muscat, commandaria
- Pâtisseries aux noix : côtes-de-saussignac, monbazillac
- Pêche fraîche : riesling auslese ou vendanges tardives
- Poire : tous les vins, surtout rouges
- Salades de fruits : vins doux de Loire, gewurztraminer vendanges tardives, monbazillac
- Tarte au citron : cérons, vieux liquoreux, muscats
- Tarte Tatin : vouvray moelleux, vin rouge léger de Touraine, cadillac
- Tartes aux fruits : monbazillac, saussignac, côteaux du Layon, muscat et gewurztraminer alsaciens
- Vacherin : sauternes, vouvray doux, moscato, riesling vendanges tardives.

COMME DES TORTUES...

Lorsque le mariage fut institué, l'espérance de vie des êtres humains tournait autour de 35 ans. On se mariait plus tôt, mais l'union conjugale durait à peine une vingtaine d'années. Cette espérance de vie est passée, depuis 1850, de 49 à 80 ans et les biologistes nous prédisent une longévité qui dépassera les 120 ans, en bonne santé, autour de 2050. Il sera donc possible soit de vivre une très, très longue histoire d'amour, soit de vivre 4 à 5 relations amoureuses d'une vingtaine d'année chacune.

20 FAÇONS DE LE FAIRE FONDRE DE PLAISIR

1. Tournez autour de la bête en question

Approchez-vous subrepticement de son pénis, puis éloignez-vous-en. Moins vous vous intéresserez à cet oiseau-là, plus cela deviendra intéressant !

2. Jouez les coquines

Mettez-lui une touche de gloss sur les lèvres et demandez-lui de l'étaler sur les vôtres sans se servir de ses mains !

3. Mordillez ses oreilles

Embrassez, caressez, mordillez ses lobes d'oreilles. Vous verrez à quel point c'est efficace.

4. Glissez sa main...

... Dans la poche de votre vieil imper. L'intérêt de cette relique, c'est que ses poches sont trouées et que Jules peut vous caresser la cuisse en toute discrétion.

5. Brossez-vous les cheveux

Ou demandez-lui de vous les brosser. C'est sensuel au toucher et encore plus sexy à regarder !

6. Tartinez-vous...

... les commissures des lèvres avec du chocolat, rien que pour lui donner envie d'y passer le bout du doigt ou de la langue.

7. Plantez votre regard...

... sur ses lèvres et faites-lui comprendre que vous n'avez qu'une envie : les mordre !

8. Apprenez-lui...

... à dégrafer votre soutien-gorge d'une seule main ou même avec deux doigts.

9. Faites-vous les griffes...

... le long de son jean... ?!

10. Attrapez son pouce...

... et glissez-le dans votre bouche. Tétez-le en le mordillant çà et là.

11. Jouez avec votre pendentif...

... que vous aurez au préalable mal accroché à sa chaîne. Dès qu'il tombera dans votre pull, invitez Jules à venir le chercher.

12. Jouez avec ses nerfs

Parsemez son torse d'un peu de sucre en poudre et faites-lui un gommage tout doux, avant de jouer de votre langue pour ramasser les grains.

13. Riez aux éclats

Lâchez-vous, libérez-vous et riez à gorge déployée. Une fille qui rit et fait rire donne l'impression qu'elle va s'abandonner plus facilement... enfin peut-être.

14. Perchez-vous...

... sur des talons. Donnez-lui l'impression que vous allez chanceler pour lui donner envie de vous rattraper.

15. Écrivez-lui...

... des extraits de phrases coquines sur des petits papiers placés judicieusement dans son portefeuille, sa poche de jean, son casque de scooter, la taie d'oreiller... Le but du jeu ? Reconstituer la phrase intégralement pour recevoir sa récompense.

16. Couvrez-vous

Enfilez plusieurs petits tops les uns sur les autres. Dites-lui que vous mourez de chaud et enlevez-les un par un. Plus il y en a, plus c'est *hot* !

17. Prenez sa main...

... dans la vôtre et embrassez longuement sa paume. Faites une pause et regardez-le d'un air entendu. Puis léchez la pulpe de sa main avant de la mordiller délicatement.

18. Goûtez le vin

Trempez un doigt dans son verre et caressez ses lèvres avec le doux élixir en le regardant droit dans les yeux.

19. Entraînez-le…

… sur le lit et massez-le doucement, langoureusement, sensuellement…

20. Et surtout, n'oubliez pas…

…. de lui répéter encore et toujours à quel point il vous rend heureuse. Pourvoyeur de bonheur pour sa dulcinée, il se sent viril, fort et bien dans sa peau, et c'est tout bénef pour vous !

Les recettes érotiques de A à Z

A

B

C

D

E

F

G

H

J

L

M

N

O

P

R

S

T

V

W

Table des matières

Dans la même collection :

Les Abdo-fessiers des paresseuses
L'Almanach des paresseuses
L'Anglais des paresseuses
L'Armoire idéale des paresseuses
L'Art de se faire épouser des paresseuses
L'Astrologie des paresseuses
La Beauté des paresseuses
La B.D. des paresseuses
La B.D. des paresseuses 2
La Boîte à paresse
Les Bonnes Résolutions des paresseuses
Les Bons Plans anti-cellulite des paresseuses
Le Bricolage des paresseuses
La Cave à vin des paresseuses
Les Cocktails des paresseuses
Le Corps de rêve des paresseuses
La Couture des paresseuses
La Cuisine des paresseuses
L'Écologie des paresseuses
Extrait de paresse
Le Feng shui des paresseuses
La Fête des paresseuses
Le Guide de survie des paresseuses
La Gym des paresseuses
L'Histoire de France des paresseuses
Le Home sweet home des paresseuses
Le Jardinage des paresseuses
Jeune maman et paresseuse
Le Kama-sutra des paresseuses
La Kama-sutra box des paresseuses
Le Nouveau Savoir-vivre des paresseuses
Les paresseuses cassent la baraque
Les paresseuses changent de vie
Les paresseuses ne se laissent plus faire
Les paresseuses se marient
Les paresseuses s'engagent
Le Paris des paresseuses
Le PC des paresseuses
La Philo des paresseuses
Le Pilates des paresseuses
Le Poker des paresseuses
La Positive Attitude des paresseuses
Le Prince charmant des paresseuses
Les Recettes érotiques des paresseuses
Les Recettes minceur des paresseuses
La Recherche de job des paresseuses
Le Régime des paresseuses
La Santé des paresseuses
Les Secrets de jeunesse des paresseuses
La Sexualité des paresseuses
Le Sudoku des paresseuses
Le Système D des paresseuses
Le Tricot des paresseuses
Les Vacances des paresseuses
La Vie politique (enfin) expliquée aux paresseuses
La Vie rêvée des paresseuses
Le Vintage des paresseuses
Le Yoga des paresseuses
La Zen Attitude des paresseuses

En papeterie :

L'Agenda des paresseuses 2009
Le Répertoire des paresseuses

Pour l'éditeur, le principe est d'utiliser des papiers composés de fibres naturelles, renouvelables, recyclables et fabriquées à partir de bois issus de forêts qui adoptent un système d'aménagement durable.

En outre, l'éditeur attend de ses fournisseurs de papier qu'ils s'inscrivent dans une démarche de certification environnementale reconnue.

Photocomposition Nord Compo

Imprimé en Italie
par « La Tipografica Varese S.P.A. »
Dépôt légal : janvier 2009
ISBN : 978-2-501-05893-3
40.7946.3/01